Herderbücherei

Band 1125

Über das Buch

Junge Menschen 1947 – das waren zerlumpte Kriegsgefangene, hungernde Flüchtlinge, enttäuschte „Umlerner“, Mädchen ohne Zuhause, lebenshungrige Kriegsbräute, Schmuggler, Schieber ... Viele von ihnen mußten in Kellern und Baracken übernachten. Eine eiskalte Dachstube galt schon als komfortable Bleibe. Jeder versuchte sich durchzuschlagen. Hoffnung, gar Idealismus waren im Krieg verbraucht worden. Es war eine desillusionierte, aber eine zupackende Generation, die Heilwig von der Mehden und ihre Freunde in der Jugendzeitschrift „Benjamin“ 1947 porträtierten. Man merkt es bis in die Formulierungen hinein, daß diese Reportagen erlebtes Leben waren. Anschaulicher und authentischer als in jedem Erinnerungsbuch erfährt man hier: So haben junge Menschen 1947 gelebt und gedacht, gearbeitet und (ganz selten) geträumt.

Über die Autorin

Heilwig von der Mehden ist 1923 in Essen an der Ruhr geboren. Sie war verheiratet mit Conrad Ahlers und lebt heute in Bonn. Mit einer Gesamtauflage von über einer Million Exemplaren ist sie einer der erfolgreichsten Autoren der Herderbücherei.

Heilwig von der Mehden

Der Friede sah ganz anders aus

Junge Menschen 1947

Herderbücherei

Umschlagfoto: Ullstein Bilderdienst, Berlin

Herder Freiburg · Basel · Wien
Herstellung: Freiburger Graphische Betriebe 1984
ISBN 3-451-08125-3

Inhalt

Einleitung

Wenn man während des Krieges zusammensaß, kam immer wieder das Gespräch darauf, was man tun wollte, wenn der Krieg endlich zu Ende wäre. Kein Mensch wußte, wann das wohl sein würde, aber jeder hatte seine Träume, die sich an diesem Zeitpunkt – oder wenig später – erfüllen sollten. Große Mengen von Erdbeeren mit Schlagsahne, ein solider Schweinebraten mit brauner Kruste und ein kaltes Buffet mit allen Schikanen (genau ausgemalt) etwa wurden geträumt oder der kühne Plan, alle wieder und wieder gestopften Strümpfe wegzuwerfen und sich sage und schreibe sechs Paar neue zu kaufen sowie mindestens eins der eleganten Kleider, die man nur noch aus dem Kino kannte. Man wollte auf Reisen in die so lange verschlossene weite Welt gehen, sich Bücher kaufen und irgendwann ein Auto haben. Und als dann gegen Ende des Krieges auch den Optimisten klar wurde, daß die nahe Zukunft wohl kaum so richtig rosig ausfallen würde, beschlossen wir – ein paar Studenten – immerhin noch, uns ein Jahr nach Kriegsende auf der Wartburg zu treffen und ein fröhliches Wiedersehen zu feiern. Da nämlich die Wartburg mitten in Deutschland lag, meinten wir, dorthin würde wohl jeder von uns, die wir in den Apriltagen 1945 von der Universität in alle Richtungen nach Hause fuhren, wohl in einem Jahre gelangen können.

Der Friede – oder vielmehr die Zeit nach dem Ende des Krieges, denn ein Friede ist bis heute noch nicht geschlossen – sah dann ganz anders aus als in unseren Träumen. Die Wartburg war unerreichbar – selbst wenn Züge oder Busse gefahren wären –, die Strümpfe wurden weiterhin gestopft, und man ging dazu über, aus zwei von ähnlicher Farbe ein neues Paar zu schaffen, und Schlagsahne wurde immer mehr zu einer Legende. Aber dies alles waren Lappalien angesichts der Situation, in der sich fast unsere ganze Generation, abgesehen von einigen glücklichen Ausnahmen, befand.

In dieser bösen Nachkriegszeit taten sich einige junge Leute zusammen und beschlossen voller Enthusiasmus und Wagemut und ohne rechte Kenntnisse von der geschäftlichen Seite der Sache, eine Zeitschrift für die eigene Generation, die der damals Achtzehn- bis Dreißigjährigen, herauszugeben. Nach langen Diskussionen einigten wir uns auf den Namen „benjamin". Kurt W. Marek, der damals schon an dem ersten deutschen Nachkriegsbestseller „Götter, Gräber und Gelehrte" saß und zu unseren Mitarbeitern zählte, schrieb uns das Leitwort:

„Benjamin war der Jüngste von vielen Brüdern. Benjamin ist stets der Jüngste. Er steht im Schatten der Älteren, bis er eines Tages selber Schatten wirft. Benjamin sitzt heute in Bunkern und lebt von der Hand in den Mund. Benjamin sitzt auf den Bahnhöfen und wartet – und er weiß noch nicht, worauf. Benjamin geht wieder auf Schulen und Universitäten – man sagt ihm, daß er zu unwissend und zu lange im Glied marschiert sei, um selber einen Weg zu finden, um selber ein Ziel zu sehen. Es gibt heute eine ganze Generation von Benjaminen, die Nachkriegsgeneration, die man in Amerika nach dem ersten Weltkrieg die „verlorene" nannte, die man heute in Deutschland eine „Generation ohne Väter" hieß. Es ist an der Zeit, daß die Benjamine sich einmal zu Worte melden, vom Bunker aus, von den Arbeitsstätten, von den Schulen und Universitäten.

Die Benjamine haben hier das Wort!"

Also erschien in Hamburg am 1. Februar in jenem bitterkalten Winter 1947 die erste Nummer des „benjamin" mit Erlaubnis und Papierzuteilung der Britischen Militärregierung. Die Redaktion des Blattes bestand aus einem Chefredakteur, Karl-Heinz Ressing (dem einzigen unter uns, der schon dreißig Jahre zählte), einer gerade eben fertigen Redakteurin – das war ich – und fünf Volontären, die alle aus dem Kriege kamen: Conrad Ahlers, Heinz Löwendorf, Michael Maaß, Georg Alexander Tichatschek, Johannes Tominski. Eigentlich meinten wir, mit vier Volontären reichlich genug zu haben, aber der letzte, Tominski, ein schmaler Junge von achtzehn oder neunzehn Jahren in einem Wehrmachtsmotorradmantel aus Gummi ließ sich nicht abweisen, sondern erschien täglich auf der Redaktion, fegte den Fußboden, hackte Brennholz, leerte Papierkörbe und wusch Kaffeetassen ab (natürlich handelte es sich nicht um Bohnenkaffee) so lange, bis wir mürbe wurden und ihn doch noch engagierten.

Die Redaktionsräume befanden sich hoch oben über dem Waterlookino auf dem Dachboden. Dachbalken und nackte Ziegel, ein Betonfußboden und provisorische Brettertüren, die nicht schlossen, verhinderten, daß wir in jenen eiskalten Wintertagen auch nur ein einziges Mal ohne Mantel, Schals und Handschuhe hätten arbeiten können. Dafür war es dann im Sommer um so wärmer. Trotzdem wurden diese Räume ein Treffpunkt junger Leute aller Schattierungen. Sie kamen mit ihren Sorgen und Kümmernissen, aber auch mit Plänen und Anregungen. Manche stürmten wütend herein, weil ihnen etwas an unserem Blatt nicht paßte, oder schrieben bitterböse Briefe. Andere hatten gedichtet und gezeichnet und wußten, daß wir in jeder Nummer jungen Künstlern Raum gaben. (So waren wir die ersten, die Wolfgang Borchert abdruckten.) Die eben wieder gegründeten Jugendorganisationen meldeten sich zu Wort sowie junge Vertreter der nagelneuen

Parteien; und es war für uns alle ein großes Erlebnis, daß jetzt wieder viele verschiedene Meinungen zu Worte kommen durften.

Eine ungeheuer lese- und bildungshungrige junge Generation gab es damals, für die keine Möglichkeit, Bücher zu kaufen, bestand. Also druckten wir aus jenen Werken ab, die die ältere Generation jetzt wieder dauernd im Munde führte, die aber nirgendwo erhältlich waren; wir schrieben über Verfassungsgeschichte und Demokratieverständnis, über die Weimarer Republik und die Geschichte des Judentums. Reportagen über andere Länder „von unserem ins Archiv entsandten Sonderberichterstatter" wechselten sich ab mit Berichten junger Leute, die als erste das unerhörte Glück hatten, wirklich in die Schweiz oder nach England fahren zu dürfen. Und hinten im Heft stand jedesmal eine Art Lexikon, in dem alle schwierigen Begriffe und nicht landläufigen Namen der jeweiligen Ausgabe in alphabetischer Reihenfolge erklärt wurden.

Das Allerwichtigste aber schien uns doch, die Situation unserer Altersgenossen und damit unsere eigene im „benjamin" zu schildern und zu klären. Die folgenden Artikel geben ein ziemlich genaues Bild davon, wie die jungen Menschen in den ersten Jahren nach dem Kriege lebten und leben mußten. Es sind keine freundlichen Erinnerungsbilder aus der schönen Jugendzeit, sondern Schilderungen, die völlig unverändert so abgedruckt werden, wie sie damals erschienen sind, in einer Zeit, als man in Trümmern lebte und nicht die geringste Ahnung hatte, wie es weitergehen sollte. Nur, daß es weitergehen mußte und daß wir dabei eine Rolle zu spielen hatten – das haben wir immer gewußt.

In dem großen Wartesaal . . .

Von Leopold Conrath

Der mit den Froschaugen setzt sich. Seit er neben dem eisernen Ofen steht, eine halbe Stunde etwa, hat er fett und dumm auf das leicht qualmende Rohr gestarrt. Jetzt zieht er seine brillantenblitzenden Wurstfinger aus den Pelzhandschuhen, rückt einen schweinsledernen Koffer an den freigewordenen siebenten Stuhl und fängt an, zerknitterte Hundertmarkscheine zu glätten. Die sechs am Tisch gucken ihn sekundenlang an. Dann kehren ihre Blicke zum überfüllten Wartesaal und zur Tischplatte zurück, wo sich zwischen vergossenem Dünnbier und abgetropfter Suppe leere Tassen und Teller stapeln.

„Vollgefressenes Schwein", sagt der Dreher.

Der Froschäugige tut, als betreffe ihn diese Feststellung nicht. Er zählt die geglätteten Scheine. Sein Gesicht bleibt ausdruckslos. Es ist jugendlich, aber aufgedunsen.

„Schieben muß man können", sagt der Student. „So was hält Anständigkeit für einen Geburtsfehler. Das einzige, was ich schieben kann, ist Kohldampf."

Daß die beiden Dreher und Student sind, ergibt ihre Unterhaltung. Es ist auch unschwer festzustellen, daß der dritte von Kaufmann auf Uhrmacher umlernt, daß der vierte erst landwirtschaftlicher Eleve und dann erzwungener Bergmann war, daß der fünfte vom Schwarzen Markt lebt und daß der sechste vor wenigen Tagen aus der Gefangenschaft und über die grüne Grenze gekommen ist. Sie haben das in aller Öffentlichkeit erzählt. Bevor der Fette erschien, haben sie kein Blatt vor den Mund genommen. Nun, da er bei ihnen sitzt, schweigen sie. Ihr Mißtrauen tastet ihn ab.

Die Lücke im belebenden Gespräch läßt die Kälte spürbar werden. Von den Eisblumen der Fenster friert es auf den Tisch herab.

Wie alt sind die sechs im Wartesaal? Sind sie zwischen zwanzig und dreißig? Ist der Älteste älter? Niemand sagt es. Es ist auch unwichtig, denn sie fühlen gleichartig. Ein großer Glaube hat sie einst emporgetragen, der Absturz ließ sie in die Tiefe des Unglaubens fallen. Nicht nur der Glaube ging ihnen verloren, sondern auch die Fähigkeit zu glauben.

Das Gespräch lebt wieder auf. Das Urteil der sechs über den Fetten ist fertig. Sie brauchen auf ihn keine Rücksicht zu nehmen. Sie verachten ihn. Sie sehen durch ihn hindurch und reden über ihn hinweg.

„Ideale?" fragt der vom Schwarzen Markt. „Es soll mir doch keiner mit Idealen kommen. Die sind überbeansprucht worden in den zwölf Jahren. Das Konto ist überzogen. Einmal bin ich auf Ideale reingefallen: Jetzt ist es aus. Sie verpflichten mich nicht mehr." Wird er auf die Dauer ohne Ideale bestehen können? Er ist ein begabter Schriftsteller. Nur die Not treibt ihn zu Schwarzgeschäften.

Verpflichtung und Pflicht liegen nahe beieinander. „Wie leer das alles geworden ist", sagt der unfreiwillige Bergmann. „Was ist denn Pflicht? Wo fängt sie an, wo hört sie auf? Es war unsere Pflicht, uns krummschießen zu lassen. Es ist unsere Pflicht, einzusehen, daß das eine falsche Pflicht war. Daß wir uns ihr hätten entziehen sollen. Welche Pflicht kommt morgen?"

Der so spricht, ist aus der Landwirtschaft für den Kohlenpott rekrutiert worden. Ihm ist das nicht recht gewesen, aber es hat geheißen: „Tauglich, Abreise morgen", und dann ist der Sammeltransport nach Westen abgegangen. Wie damals beim Kommiß. Kein bißchen anders. Unterwegs war von der Pflicht die Rede – der deutschen Pflicht, Kohle zu fördern. Im Gedanken an die Pflicht ist er eine Zeitlang eingefahren. Bis die Pflicht blaß geworden ist beim Licht der Sonne, die die anderen beschien von früh bis spät, die Arbeiter über Tage. Klein und farblos ist sie geworden beim Leben in schlechten Baracken, bei dünner Verpflegung und bohrendem Heimweh nach Stall und Acker. Da ist er ausgebrochen aus dem Lager, bei Nacht und Nebel. Wie ist das also mit der Pflicht?

Nun sind sie bei der Sprache. „Wir verstehen sie nicht, und sie verstehen uns nicht", sagt der Umlerner. „Alles, was sie machen, ist geschwollen. Die Programme. Die Aufrufe. Die Proklamationen. Das ruft uns wohl an, aber es sagt uns nichts. Die vorige Generation sollte sehen, daß sie mit sich selbst zu Rande kommt. Gleichgültig, ob es Deutsche sind oder andere. Sie flüchten sich in die Vergangenheit, spielen Gegenwart und reden an uns vorbei. Elegant, ölig und immer ohne Fühlung mit der Erde."

Die sechs am Tisch stimmen darin überein, daß die Älteren Erfahrungen haben, die zeitlos gültig sind. Aber gleichzeitig sehen sie, daß zu diesen Erfahrungen etwas gehört, über das sie selbst nicht verfügen: der Rahmen, in dem sie wirksam waren.

Über das Gesicht des Studenten läuft ein Schatten. Er schiebt beide Hände in die Hosentaschen und beugt den Oberkörper nach vorn. Das soll so aussehen, als komme es von der Kälte, aber alle spüren, daß es eine Geste der Verlegenheit ist. „Meine Eltern", sagt er ein wenig mühsam, „haben noch alles: die Wohnung, die Möbel, den Hausrat, die Bilder, die Bücher. Ich könnte dahin abhauen. Aber ich müßte mich schämen, wenn ich es täte. Vor mir selbst. Ich käme mir feige und belämmert vor."

Zustimmung und Widerspruch entzünden sich an diesem Gedanken. Merkwürdig, wie weit Einsichten und

Wünsche auseinanderlaufen können. Lob des Wohllebens auf der einen, Kult des Verzichts auf der anderen Seite. Als die Wogen sich glätten, bleibt das Stichwort „Bücher".

Der Schriftsteller stößt vor mit einer bitteren Klage. „Die Literaturpäpste werfen uns Unwissenheit vor. Sie können sich nicht genug wundern über das, was wir nicht kennen. Sie fragen nach unseren schöpferischen Kräften und stehen da, als wollten sie das Gras aus dem Boden gucken. Wir haben einmal erlebt, wie eine Kunst befohlen wurde. Wir haben genug davon. Erst mal leben. In neuen Formen leben. Dann kommt das Dichten von alleine. Bis dahin sollen sie uns in Ruhe lassen. Sie sollen uns nicht ewig bescheinigen, was wir nicht wissen. Und sie sollen uns mit sinnlosen Zensuren verschonen."

Der Dreher verzieht die Mundwinkel zu einer verächtlichen Grimasse. „Parteien? Heutzutage in Deutschland? Das sind politische Onanisten. Sie empfehlen und beraten, aber sie haben keine Macht. Regieren tun andere. Nee. Mit Parteien kann man uns nicht ködern. Was wir brauchen, ist eine Anstrengung der Gemeinschaft. Vielleicht klingt das verdächtig. Immerhin haben wir eine erlebt. Daß sie am Ende schief gelaufen ist – dafür können wir nicht. Aber sie war da, und wir lassen sie uns nicht zerreden. Es muß eben eine gemacht werden, die richtig läuft. Wir lassen uns unsere Generation nicht in Scheiben schneiden. Demokratie und Parteiwirtschaft sind nicht dasselbe. Die Jugendgruppen bei den Parteien haben was Schlechtes und was Gutes. Schlecht sind die Gegensätze, gut ist, was sie alle wollen. Aufwachen aus der Betäubung, anfassen, alle zusammen, etwas tun und nicht rumstehen – das bringt ihnen den Zulauf. Aber eben alle zusammen. Nicht einer hierhin und einer dorthin."

Ist es eigenartig, daß das „wir" ohne Korrektur hingenommen wird? Ist das ein Zeichen für die Bereitschaft, erneut ein gemeinsames Werk zu beginnen?

„An welchem Abschnitt warst du“, fragt der Umlerner.
„Im Süden“, sagt der Dreher.
„Immer?“
„Immer. Von 41 bis Ende. Solange die Scheiße ging.“
„Weißt du noch?“ fragt der Umlerner, „die Übernachtungsbaracke in Dnjepro?“
„Ja. Die Läuse. Der Schweißgestank. Aber gutes Essen. Und ein nettes Mädchen an der Ausgabe.“
„Ja. Die Blonde. Käte hieß sie.“
„Da konntest du den Kanal voll haben bis obenhin. Wenn die lachte, war alles halb so schlimm.“
Der Umlerner und der Dreher denken an Dnjepropetrowsk. Die anderen sagen nichts dazu, aber jeder hat so etwas erlebt. Alle haben es erlebt. Alle könnten davon erzählen. Es spielt keine Rolle, ob sie statt Dnjepro andere Orte nennen – Wjasma vielleicht, Uman, Maikop, Caen, Sarajewo, Catania oder Benghasi. Das ist es ja: etwas Ganzes, Gemeinsames. Etwas, woran jeder teilhat.
Nur einer hat nicht zurückgeblickt in die Vergangenheit: der Mann aus der Gefangenschaft. Ihn beunruhigt, was der Dreher von der Macht gesagt hat. Seine Stimme ist brüchig, seine Hände zittern, wenn er sie vom Schoß nimmt. „Ich will lernen“, sagt er leise, „daß es ein Recht ohne Macht gibt. Ich will wieder an das Recht glauben. Ich habe nur die Macht erlebt. Wenn vom Recht die Rede war, haben sie nur eins gemeint: das Recht, Recht zu sprechen.“ Eine Erinnerung quält ihn. Er sinkt zusammen und verkriecht sich in den erdbraunen Lumpen seiner ausgefransten Uniform.
So deutlich ist das Verkriechen, daß auch die anderen sich gleichsam zurückziehen für einen kurzen Augenblick. Als einer von Ethik und Anständigkeit spricht, kommen sie wieder hervor aus ihren geistigen Höhlen. „Ethische Forderungen? Anständigkeit?“ fragt der entlaufene Bergmann. „Früher waren das unumstrittene Begriffe. Aber alles ändert sich. Gibt es überhaupt was

Festes und Gültiges? Hätte ich früher einen Güterzug beklaut? Heute tue ich es. Nicht um anderen zu schaden, sondern weil ich Hunger habe. Aber dem Lumpen, der einer alten Frau die Lebensmittelkarte aus der Einkaufstasche zog, dem habe ich die Nase breit geschlagen."

„Da war das Schlagen angebracht", sagt der Dreher. „Als ich neulich die Faust für das Verständlichste hielt, hätte ich es bleiben lassen sollen. Da war ein deutsches Mädchen, ein hübsches Mädchen. Es wurde von einem Besoffenen belästigt. Ich habe dem Kerl eins vors Maul gehauen, daß er nüchtern wurde. Das Mädchen nickte mir zu. Ich dachte: das ist was, doch ehe ich einen Ton sagen konnte, war ihr Tommy da. Auf den hatte sie gewartet. Mit dem zog sie los. Nicht mal umgedreht hat sie sich." Der Dreher spuckt aus, genau vor den Kellner, der mißbilligend die Augenbrauen hochzieht.

Der Siebente am Tisch wird lebendig. Der Fall interessiert ihn. Seine Froschaugen leuchten. „Der Tommy", sagt er und grinst die Tischrunde an, „der Tommy hätte ruhig was springen lassen können. 'ne Zigarette zum Beispiel. Oder ein paar ..." Die sechs überhören den Einwurf. Der Kerl widert sie an.

„Was hättest du auch mit ihr machen wollen?" fragt der Student und versteckt seinen Zorn hinter einer Fassade aus Gleichmut. „Du verdienst wenig Geld, du zahlst viel Steuern, du hast nichts als die Klamotten auf dem Leibe, und du weißt nicht, wie lange du Arbeit hast. Auf was willst du bauen? Willst du vielleicht heiraten? Denkst du an stilles Glück?"

„Und sonst", sagt der Schriftsteller, „was du sonst noch könntest außer Heiraten und stillem Glück – das mußt du den anderen überlassen. Die essen besser. Wo die meisten Kalorien sind, haben die Mädchen die größte Freude. Zigaretten und Schokolade sind nur ein Vorwand. Ich kann es den Mädchen nicht mal übelnehmen."

„Auswandern“, sagt der Mann aus der Gefangenschaft unvermittelt. „Ich habe geglaubt, in die Heimat zu kommen. Aber nun kotzt mich alles an. Alles ist weg: Haus zerstört, Frau treibt sich rum, Kinder sind tot. Ich bin nicht mal Nazi gewesen und habe keine verschrobenen Idole gekannt. Aber ich kannte Deutschland, und das kann ich jetzt nicht finden. Ich bin Verbrecher geworden, weil ich euer Jahrgang bin. Man will mich amnestieren. Ich höre Phrasen. Ich schmecke Aufguß von Dichtern und Denkern. So einfach geht das nicht. Es ist zuviel kaputt gegangen. – Es kotzt mich alles an.“

Sie stehen auf, einer nach dem anderen, mit kurzem Gruß. Vier sagen: „Mach's gut“ – wie damals, wenn es hieß: Ablösung vor. Damals konnten sie wiederkommen. Sie konnten aber auch ein Ding verplättet kriegen und liegenbleiben. „Mach's gut“ – das sagte man, als das Weiterleben keine Selbstverständlichkeit war. Ist es denn heute gesichert? Es wird nicht mehr geschossen, aber das Leben ist fast grausamer als der Krieg. Es verwundet oft. Es tötet täglich. Und es kommt kein Sani, der einem hilft.

Zwei sagen: „Auf Wiedersehen“, ohne zu wissen, ob sie einander jemals noch begegnen werden. Aber das ist auch gleichgültig. Dann sind es eben andere, mit denen sie beisammensitzen. Sie haben verlernt, in Persönlichkeiten zu denken. Die Persönlichkeit ist zur Sehnsucht geworden. Gegenwärtig sind sie Namenlose.

Sie drängen sich durch den überfüllten Wartesaal, durch Koffer und Bündel, erschöpfte Unrast und schlafende Kinder. Sie gehen „nach Hause“ – in eine Baracke, einen Bunker, einen Keller. Bestenfalls in eine kalte, eng belegte Wohnung. Sie können resignieren oder sich auflehnen, sie können debattieren oder fluchen. An einem kommen sie nicht vorbei: an ihrer Gegenwart. An der erbarmungslosen Kampffront ihres Lebens.

Der mit den Froschaugen starrt ihnen nach, bis sie verschwunden sind. Dann zieht er seine Brillantringe von den Wurstfingern, wickelt sie in Zeitungspapier und steckt sie in die Tasche.

Was die da geredet haben ... Blödsinn. Lauter Blödsinn. Geschäft bleibt Geschäft. Ware ist genug vorhanden. Die Armen verkaufen ihre letzte Habe. Sie werden so schnell nicht alle werden.

Handwerker – Lehrlinge mit leerem Magen

Von Fried Maximilian

„Unsere Lehrbursche müssen nicht nur schon herangewachsen seyn, sondern auch von gesunder und starker Leibesbeschaffenheit seyn, weil sie sonsten unsere Arbeit nicht verrichten können", schrieben die Müller von Tangermünde 1782 in einem Bittgesuch. Im Jahre 1946 sagt ein Malermeister: „Mein siebzehnjähriger Lehrling kam heute zur Arbeit, ohne etwas gegessen zu haben. Seine Mutter hatte ihm nichts geben können. Der Vater ist gefallen, die Mutter schrubbt und schuftet als Scheuerfrau, um ihre Kinder zu erhalten. Die Familie ist ausgebombt und lebt nur in geliehenen Sachen. Der Junge ist so schwach, daß er den Quast zum Weißen der Zimmerdekken nicht mehr heben kann!"

Man könne sich auf den Kopf stellen, meint ein Elektromeister, wenn die Jungen Hunger hätten, könnten sie nicht arbeiten und auch nichts lernen. Er hätte den Umbau einer Konditorei nur unter der Bedingung übernommen, daß die Lehrlinge zusätzlich beköstigt würden. Das ist eine zeitbedingte Vernunftsforderung, die ihre moralische Stütze aus einer alten bayrischen Verordnung herleiten könne. „Die Meister sollen den Lehrjungen die nothwendige Speiß geben, daß sie bey Gesundheit bleiben mögen."

Das aber können heute nur sehr wenige Meister, sie können ihnen auch keine Kleidung und keine Schuhe geben. Die zusätzliche Speisung für Lehrlinge bis zu 18 Jahren, die in Hamburg von der Handwerkskammer mit sechzehn Ausgabestellen eingerichtet wurde, kann von vielen Lehrlingen nicht in Anspruch genommen werden, weil sie ihre Schuhsohlen für die Arbeitsstunden schonen müssen – und weil viele nicht einmal die 35 Pfennige für das Essen aufbringen können. Eine Mutter von vier Kindern, die in einem Lager haust, muß morgens schnell ihre Einkäufe machen, erst dann kann der Sohn zur Arbeit gehen; sie haben zusammen nur ein Paar Schuhe. „Die Schuhe eines meiner Lehrlinge sind vollkommen zerfetzt, bei nassem Wetter kann er nicht mehr zur Arbeit kommen. Niemand gibt ihm neue Schuhe. Er will aber arbeiten und etwas lernen, und wenn er sich irgendwo bei meiner Kundschaft ein Paar Schuhe klaut, ja ...", sagt ein Malermeister.

Aber es sind nicht nur die materiellen Dinge, die den jungen Handwerkern das Leben erschweren. Vielfach versagt auch das Elternhaus, das den jungen Menschen den rechten Weg weisen sollte. Ein Sechzehnjähriger meldet sich bei der Berufsberatung und will Elektrotechniker werden. Sein Lebenslauf weist aber bereits Fundunterschlagung, Diebstahl aus parkenden Autos, Einbruch und Schlägerei in der Trunkenheit auf; er wurde zu dreijähriger Fürsorgeerziehung verurteilt, die zunächst für ein Jahr ausgesetzt ist. Sein Vater hat ihn zu den Eigentumsdelikten angehalten. Es wäre unverantwortlich, diesen Jungen, in eine Lehre zu vermitteln; er bekommt aber die Möglichkeit, sich in den Aufräumungstrupps mit anderen seinesgleichen unter der leitenden Hand eines Jugenderziehers zu bewähren. Häufig auch schwänzen die Jungen, die schon in der Lehre sind, die Arbeit, weil sie sich auf dem Schwarzen Markt betätigen oder weil sie von ihren Eltern zum Kartoffelhamstern geschickt werden. Ein paar Zigaretten und ein Brot sind außerdem starke Verlockung für einen Jungen, wenn es darum geht, diese gegen ein Paar Schuhsohlen, eine Dose Lack oder Handwerkszeug einzutauschen, Sachen, die er bei seinem Lehrherrn mitgehen heißt.

Die jungen Menschen, die jetzt in der Handwerkslehre sind, wollen aber zum größten Teil wirklich etwas lernen. Sie waren meistens schon im Krieg und haben nachher ihre unterbrochene Lehre wiederaufgenommen. Von 45 Lehrlingen des Malerhandwerks zwischen 17 und 20 Jahren, die sich zur Gesellenprüfung gemeldet hatten, waren 75 v. H. verwundet, einzelne bis zu neunmal. „Ich versuche so hinzukommen", sagt der 19jährige Schlosserlehrling Walter M. Mit 15 Jahren wurde er Luftwaffenhelfer, mit 16 kam er zum Heer. Bei den Kämpfen in Ungarn erhielt er einen Oberschenkel-, einen Oberarm- und einen Bauchschuß. Er lernt in einer größeren Werkstatt, die sich auf den Türenbau spezialisiert hat. Walter möchte aber gern das Handwerk in seiner ganzen Breite erlernen. „Einmal bekamen wir bis jetzt einen Privatauftrag auf ein Ziergitter. Aber wir Lehrlinge haben keine Gelegenheit, die Kunstschlosserei wirklich zu erlernen. Wir lernen kein ‚Handwerk', sondern sind Handlanger der Maschine", sagt er. Der Klempnerlehrling Ernst Ludwig S. berichtet Ähnliches aus seiner Lehre. „An das Arbeiten mit Zinkblech kommen wir gar nicht. Da dürfen wir nur zugukken, denn das Material ist so knapp, daß man es einem Lehrling nicht in die Hand geben kann." Sie bekämen kein rechtes Verhältnis zu ihrer Arbeit, meint der fünfundzwanzigjährige Junggeselle Friedhelm R., der in einer Kraftfahrzeugwerkstatt arbeitet. „Wir bemühen uns, aus alten Autoteilen – neue Ersatzteile gibt es ja kaum – Brauchbares zusammenzusetzen, aber praktisch ist das Murks. Man pult so in seinen zerrissenen Klamotten, aber man spürt den Leerlauf, der durch den Materialmangel verursacht wird, und kommt obendrein nicht mit seinem Verdienst zurecht."

Ein Klempnergeselle erzählt von dem Kollegen, der Frau und vier Kinder hat, und, nach Abzug der Steuern und Soziallasten, mit etwa vierzig Mark am Sonnabend nach Hause geht. Die Lehrlinge, besonders im ersten Lehrjahr, wo sie nur 30 Mark im Monat erhalten, verstehen nicht, warum die Hamburger Hochbahn ihnen nicht die gleiche Fahrpreisermäßigung von 50 vom Hundert wie die Reichsbahn einräumt. Sie verstehen nicht, warum nur die Schüler Ermäßigung haben und nicht die Lehrlinge. „Das könnte man von der Hochbahn, die ja nun der Allgemeinheit gehört, wohl verlangen", meint Gerhard K., der mit 18 Jahren im zweiten Lehrjahr bei einem Schneidermeister ist. Zwar gibt es dort viel Reparaturen, aber die Lehrlinge kommen auch an Neuanfertigungen. „Man muß sich wundern, wo noch all die guten Stoffe herkommen", sagt Gerhard. Meist sind es die „Neureichen" mit den unkontrollierbaren Einkommen, die auch gleich alle Zutaten mitbringen. Gerhard vermerkt das etwas bitter, denn sein Vater hat in Hamburg eine Textilhandlung hauptsächlich mit Strümpfen und Handschuhen aus der sächsischen Industrie. „Aber daher kommen keine Lieferungen mehr. Vater versucht sich über Wasser zu halten, aber wie lange noch?", meint der Junge. Eigentlich wollte er das Abitur machen, Nationalökonomie studieren und später Vaters Geschäft übernehmen.

Von den rund 1200 jungen Menschen, die in diesem Jahr in Hamburg ihr Abitur gemacht haben, wollten 65 v. H. studieren, aber nur 15 – und zwar die Begabtesten – wurden immatrikuliert. Die anderen versuchen im Handwerk und in der Kaufmannslehre unterzukommen. Diese bietet aber in einer Handelsstadt, die keinen Handel hat, nur geringe Aussichten, und im Handwerk werden dann bestimmte Modeberufe bevorzugt. Elektriker, Autoschlosser, Radiotechniker und Tischler, das scheinen den jungen Leuten Kavaliershandwerke, die mit Schlips und Kragen ausgeübt werden können. Daneben zeichnen sich die begehrten „Magenberufe" ab, als da sind Bäcker, Fleischer, Konditor und Koch. Zu den Bauberufen entschließen sie sich meist mit dem Vorbehalt des späteren Besuchs einer Baufachschule. In der Wahl dieser Handwerksarten und in den Vorbehalten, die von denen gemacht werden, die in guten Zeiten Kaufleute geworden wären, scheint sich die Furcht vor dem sozialen Abstieg auszudrücken.

Die realeren Jugendlichen, die sich für die Bauberufe Maurer, Klempner, Maler, Dachdecker und Straßenbauer und für die Metallberufe Kessel-, Grob- und Kupferschmied entscheiden, haben anscheinend noch nicht vergessen, daß das Handwerk einen sicheren Boden fürs Leben abgibt.

Bei den weiblichen Handwerksberufen werden Schneiderin und Friseurin bevorzugt. Wenig Neigung haben die jungen Mädchen zu den Anlernberufen, wie sie in der Tätigkeit als Näherin, in der Feinmechanik und beim Radiobau gegeben sind. Auch hier soll es sich übrigens, genau wie bei den Berufswünschen der Jungen, nicht um eine spezifisch deutsche Notentwicklung handeln, sondern um eine allgemein in Europa beobachtete Tatsache.

Im Friseurgeschäft seines Vaters arbeitet der 34 Jahre alte Jungmeister Waldemar P. jetzt. Als Neunzehnjähriger hatte er ein eigenes Geschäft in Rothenburgsort eröffnet. 1939 traf er die Vorbereitungen für die Meisterprüfung, da wurde sie ihm plötzlich untersagt, weil seine Mutter Jüdin ist. 1943 wurde sein Geschäft zerstört. Bei Kriegsbeginn hat man Waldemar eingezogen. Er kam nach Rußland in einen Radfahrspähtrupp. Bei Staraja-Russa durchschlug ein Explosivgeschoß ihm die Schädeldecke und blieb bis auf den heutigen Tag in seinem Kopf stecken, eine rechtsseitige Lähmung war die Folge. Kaum genesen, wird er von einem Nachbarn als Mischling denunziert, weil der Sohn dieses Nachbarn als Schütze dem Feldwebel Waldemar P. eine Ehrenbezeigung hatte erweisen müssen. Das hatte sein „nationalsozialistischer Stolz" nicht ertragen. Der schwerversehrte Frontsoldat P. wird aus der Wehrmacht ausgestoßen, auch seiner Auszeichnungen beraubt man ihn. Für kurze Zeit findet er noch Arbeit in einer Werkzeugmaschinenfabrik, dann nimmt ihn die Gestapo fest und bringt ihn mit seinem Vater zusammen in ein Außenlager des KZ Neuengamme. Die beiden Männer müssen in Hamburg Aufräumungsarbeiten leisten mit der immerwährenden Angst um das Leben der Frau und Mutter. Sie entgeht der Vergasung in Theresienstadt nur dadurch, daß sie schwer zuckerkrank und somit nicht transportfähig ist. Erst die Kapitulation bringt der Familie Entlastung von ihren Sorgen. Der Sohn kann endlich heiraten und der Vater bekommt sein Geschäft wieder. Dann macht Waldemar die Meisterprüfung. Er arbeitet mit der linken Hand, da die rechte ja infolge der Kriegsverletzung nicht arbeitsfähig ist. Als er gefragt wird, ob er gegen den Denunzianten, der so viel Unglück über ihn gebracht hat, eine Anzeige erstattet hat, sagt er: „Das lohnt doch gar nicht."

Der Handwerker unterliegt der Unsicherheit der Zeit genau so wie alle anderen Deutschen, er hat nur eine Sicherheit, daß nämlich Arbeit auf ihn wartet. Arbeit für Generationen von Handwerkern. Das wissen auch die Älteren, die heute als Lehrlinge ins Handwerk treten. Auf den Bänken der Berufsschulen sitzen viele Dreißigjährige, ja, von vierzigjährigen Familienvätern, die zum Lehrling geworden sind, wird berichtet.

Der Beamte

Von Georg Alexander Tichatschek

In dem schmalen Raum des Wirtschaftsamtes einer mittleren Stadt Schleswig-Holsteins herrscht Hochbetrieb. Nur vor einem Tisch findet man keine Schlange, weil vor dem jungen Mann, der hinter ihm sitzt, ein Schild steht. „Keine Abfertigung" ist daraufgeschrieben – mit einfachen, gemalten Druckbuchstaben. Der junge Mann frühstückt. Wenn er nicht frühstückt, wird er Schuhbezugsscheine ausgeben. So steht's zu lesen.

Ein älterer Herr betritt den Raum. Suchend schaut er sich um und geht dann bedächtig auf den Tisch, den „schlangelosen", zu. Hat er das Schild nicht gelesen? Müde scheint er zu sein. Umständlich kramt er in seiner Brieftasche und entnimmt ihr einen sorgfältig ausgefüllten Antrag. Nachdem er ihn noch einmal genau durchgelesen hat, legt er ihn vor den jungen Beamten auf den Tisch. Der läßt sich jedoch nicht stören. In aller Ruhe entkernt er die letzte Hälfte eines Apfels und verzehrt ihn mit Behagen. Dann wischt er sich die Hände mit dem Taschentuch, legt das Schild „Keine Abfertigung" beiseite, nimmt den Antrag und liest ihn durch – langsam und genau. Währenddessen tritt der ältere Herr nervös von einem Fuß auf den anderen. Die Miene des Beamten wird beim Lesen immer bitterer. Dann murmelt er: „Mein lieber Herr, Sie wollen für Ihre Frau ein Paar Schuhe haben? Aber sie hat doch erst im November 1945 welche bekommen. Ja, brauchen tun wir alle Schuhe ... vielleicht in einem halben Jahr ... Bis dahin muß sich Ihre Frau behelfen. Müssen andere auch!"

Damit ist der Fall für den jungen Mann erledigt. Das Schild „Keine Abfertigung" steht wieder an seinem alten Platz. Der junge Mann frühstückt weiter. (Merkwürdig, daß man fast immer in Büros kommt, wenn dort gerade gefrühstückt wird. Das gab es schon vor zwanzig Jahren ...)

So findet man ihn oft – den jungen Beamten. Er gehört nicht immer zu den angenehmsten unserer Zeitgenossen. Vielfach erweckt er bei uns den Eindruck, wir (das Publikum) seien für ihn geschaffen worden ... Dabei war es ursprünglich doch so, daß der Beamte zu Diensten seiner „Kundschaft" stand. Tempi passati?

Es gibt auch andere. Seien wir ehrlich, seien wir gerecht. Noch gibt es auch jenen Beamtentyp, der nicht unbedingt bürokratisch verknöchert ist, der hilfsbereit, freundlich und zuvorkommend seinen Dienst tut.

In dem engen Zimmerchen des Jugendwohnheimes packt Franz K. sein Köfferchen. Er nimmt drei Bilder von der Wand. Fotografien sind es von der Mutter und der Freundin, außerdem ein einfaches, sauber gedrucktes Kunstblatt. Er legt alles zu den wenigen Büchern, die er aus den brennenden Bombennächten retten konnte.

Als Franz K. vor fast zwei Jahren vom Jugendamt als Leiter dieses Wohnheimes für junge Menschen eingesetzt wurde, da war nichts vorhanden. Es fehlte an allem in diesem früheren HJ-Heim, in dem nun 28 Jugendliche notdürftig hausten. Um es wieder wohnlich zu machen, sammelte Franz mit seinen Jungen nach Feierabend in den Ruinen der Nachbarschaft Ziegelsteine, um die Räume weiter auszubauen. Die Jungen beschaffen sich ganz legal von ihren Lehrherren ein bißchen Farbe, einige Hände voll Zement und vieles andere. Ein kleiner Teil des Materials konnte auch von Behörden zur Verfügung gestellt werden. Die letzten Ersparnisse mußten dran glauben, um Blumen und Bilderschmuck zu erwerben.

Es kamen Schwierigkeiten mit einzelnen Jungen (nicht genug, daß der Formalitätenkram mit Akten, Gesuchen, Bezugscheinen und tausenderlei Formularen die kostbare Zeit auffraß!). Da bekam z. B. der siebzehnjährige Dieter B. eines Tages die Nachricht, daß seine Eltern auf der Flucht umgekommen waren. Was ist die Folge? Dieter will durchbrennen, will sich mit seinem Schmerz verkriechen, hat keinen Lebensmut mehr. Was soll ihm noch ein geordnetes Leben? Zu dem nicht einmal sehr bewußt gefühlten Schmerz um das verlorene Paradies der Jugend und der Heimat gesellt sich eine unbestimmte, ins Weite führende Abenteuerlust.

Franz K. spricht mit dem Dieter – nicht schulmeisternd, sondern behutsam das hartgewordene Herz anrührend. Wird der Dieter bleiben? (Und wenn dieser bleibt, wird sich stets ein Franz K. finden, um die vielen, vielen Dieter unserer Tage auf den rechten Weg zu leiten?)

Später kamen auch mal Diebstähle unter den Jungen vor. Es war nicht immer einfach, sie vom Schwarzen Markt mit seiner Gentleman-Verbrecherromantik fernzuhalten. Mancher riß auch wirklich aus und kam nicht wieder ... Dennoch aber entstand aus einer zusammengewürfelten Schar eine Gemeinschaft – dank der stillen, zähen Arbeit von Franz K., der auch ein junger Beamter ist, aber kein ruhiger ...!

Jetzt nimmt er sein Köfferchen auf und verläßt sein altes Zimmer. In einer anderen Stadt warten andere Aufgaben. „Ob es einen Sinn hat, gegen diese Lawine der herumvagabundierenden Jugend einen Damm zu setzen, ihnen eine Hoffnung auf die Zukunft zu geben? – Doch wenn nur einer von diesen Unglücklichen wieder einen festen Punkt in der Erscheinung Flucht fand, lohnten sich dann nicht schon Mühe und Sorgen?“

Franz K. ist Idealist. Er wird es auch bleiben. Er gehört

zu jenen, die in ihrem Beruf die Berufung fanden. Schön müßte es sein, wenn alle jungen Beamten so wären!

Wie in jedem anderen Beruf, gibt es auch hier Starke und Schwache. Und die Schwachen sind in der Mehrzahl. Mein Gott, das Leben ist wirklich nicht einfach ...

In dem großen Gebäude einer Zentralbehörde, Obergeschoß, gleich links die zweite Tür auf der rechten Seite mit dem Schild „Eintreten ohne anzuklopfen", am ersten Schreibtisch sitzt er. Verheiratet, Mitte zwanzig, zwei Kinder, glücklicher Inhaber einer Eineinhalbzimmerwohnung mit separatem Eingang. Lebensmittelkarten-Normalverbraucher, stolzer Besitzer eines selbstgebauten Radios, und in seiner Haushaltsliste steht unter Beruf „Beamter".

Auf seinem Schreibtisch befinden sich, wohlgeordnet in einem dreimal geknickten Stück Pappe, sein Federhalter, Bleistift und Radiergummi, daneben ein Tintenfaß, und in dem alten Marmeladenglas steht ein kleiner Strauß Stiefmütterchen, den ihm seine Frau heute morgen noch mitgegeben hatte. In eine große Liste trägt er sorgfältig irgendwelche Namen und Konten ein. Seine Schreibtischschublade ist wohlgeordnet. Da liegt die Tageszeitung von gestern neben den vier trockenen Scheiben Brot und den drei Schachteln „Port Said"-Zigaretten – ja, und noch eins: ein kleiner Blechbehälter, eine ehemalige Zigarettendose mit der Aufschrift „Players Navy Cut". Die „Navy Cuts" sind allerdings nicht mehr drin, die Dose dient jetzt als Kasse. Als Kasse für seine Zigaretten. Er verkauft nämlich an die Kollegen stückweise „Port Said" zum festen Preis von 3 RM und bei Abnahme von zwanzig Stück auch für 2,80 RM. „Das Geschäft geht recht flott", und „Kleinvieh macht auch Mist", verrät er augenzwinkernd. „Wissen Sie, ich verdiene ja an einer Zigarette nur ein paar Groschen, aber was glauben sie, wie sich das so am Tag zusammenläppert. Dieser Verdienst ist manchmal größer als mein Beamtengehalt. Auf der einen Seite verlangen sie von uns, daß wir in unserem Beruf das notwendige Wissen haben, daß wir fehlende Allgemeinbildung nachholen – ja, und wovon sollen wir unsere Familien ernähren? Von dem Gehalt etwa? Da kommt dann jemand, der Hilfe und Rat bei uns sucht, der uns ein paar Zigaretten auf den Tisch legt, damit wir ihm nach Möglichkeit behilflich sind ... Muß das immer ‚Bestechung' sein? Es ist verdammt schwer, eine solche ‚Sonderzuteilung' abzulehnen."

Der junge Mann lacht spöttisch auf. „Beamter sein bedeutet Ehre und Verpflichtung! Wie oft hat man uns das gesagt! Dafür kann ich mir nichts kaufen! Oder glauben Sie etwa, daß ich meine Familie mit den neuesten Verordnungen satt kriege?"

Satt werden! Ein bißchen anständig leben können! Auch mal wieder auf der Sonnenseite des Lebens liegen! – Wer könnte diesen Wunsch nicht verstehen? Er ist nicht auf die jungen Beamten beschränkt, er ist allen jungen Menschen unserer Tage eigen. Die allgemeine Verwilderung der Sitten, die nicht erst mit dem Krieg einsetzte (wenngleich sie auch dort einen unwahrscheinlichen Höhepunkt erreichte), hat dazu geführt, daß man sich leichter über Anordnungen und Gesetze hinwegsetzt. Während des Krieges wurde „organisiert". Wer es am besten konnte, hatte am meisten vom Leben. Jetzt soll das „Organisieren" plötzlich strafbar sein?

Wenn von Beamten im allgemeinen (und von jungen im besonderen) die Rede ist, dann hört man ständige Klagen auch über die Polizei. Da wird erzählt, daß in dieser oder jener Stadt soundsoviel Polizisten wegen Beihilfe zum Diebstahl, wegen Nötigung oder anderer Delikte verurteilt werden mußten. Ja die Polizei ... ein beliebtes Gesprächsthema!

Wie schwer es aber ist, heute seinen Dienst als Ordnungshüter zu versehen, davon machen sich wohl die wenigsten ein richtiges Bild. Außerdem sieht man natürlich immer nur die negativen Seiten ... Oder spricht zum Beispiel jemand von den Polizeibeamten, die mehr als ein Auge zudrückten, wenn hungrige Hamsterer mit ihren Rucksäcken aus den Sperrgebieten kamen?

Als der 23jährige Hans L. von seiner nächtlichen Streife zurückkam, fragte ihn der Wachhabende, ob er keine Meldung zu machen habe. „Nein, nichts von Belang." – „Und das schlecht beleuchtete Fahrzeug in Ihrem Revier, das halb auf den Bürgersteig gefahren war?" Natürlich hat Hans L. es gesehen. Soll man denn wegen jeder Kleinigkeit eine Meldung machen? Na, das nächste Mal wird ihm das nicht wieder passieren!

Kurz vor dem Bahnhof macht die Straßenbahn eine Biegung – wenn ich jetzt hier abspringe, bekomme ich noch meinen Zug, denkt sich der große Herr, der auf der Plattform steht. Er sieht kurz hinaus, kein Schutzmann zu sehen, die Bahn fährt langsamer, er springt ab ... und um die Ecke kommt der Schutzmann. Ade, der Zug ..., denkt der Herr und fragt den Schutzmann: „Was kostet der Schmerz?" Nachdem er seine Personalien gegeben hat, fragt er den Wachtmeister: „Sagen Sie mal, Herr Wachtmeister, ich habe Sie ja gar nicht gesehen, als ich abgesprungen bin. Wo haben Sie denn gestanden?" Über das Gesicht des jungen Wachtmeisters geht ein Schmunzeln: „Ja, wenn man uns sieht, springt ja keiner ab. Da muß man sich schon verstecken, denn ich muß ja schließlich ein paar Meldungen mit nach Hause bringen!"

Kürzlich wurde eine Meldung veröffentlicht, in der ein englischer Offizier behauptete, die deutsche Polizei könne nicht schießen. Der 29jährige Albert K. meinte ironisch dazu: „Wenn die Tommies uns immer nur diese vorsintflutlichen Billy-Jenkins-Kanonen geben, wenn dann bei fünf Schuß Munition noch drei Versager sind – dann möchte ich den sehen, der damit etwas trifft. Schließlich waren ja genügend von uns während des Krieges Soldat ..."

Steigende Zunahme der Kriminalität, besonders der Kapitalverbrechen, in allen Zonen. Kann es einen wundern, wenn viele jungen Polizisten keine Lust haben, sich ohne entsprechende Hilfsmittel in den Kampf gegen das Verbrechertum zu stürzen?

In einer Zeit, die aus den Fugen zu gehen scheint, sind auch die Menschen nicht ohne Knacks davongekommen. Von den Beamten erwartet man nicht zuletzt, daß sie die „Korsettstangen" unseres im Aufbau befindlichen Staatsgefüges sein sollen. Kann dieser Beruf Aussichten gewähren? Bietet er dem jungen Menschen Chancen? Lassen wir den Referenten für Berufsberatung aus der größten Stadt der britischen Zone berichten:

„Viele junge Menschen haben den Wunsch, Beamter zu werden. Ihm kann nicht immer entsprochen werden, da die Bewerberzahl viel zu hoch ist. In der Hauptsache setzen sie sich aus Abiturienten und Schülern der mittleren Reife zusammen. Der Grund liegt wohl darin, daß die mittlere und gehobene Beamtenlaufbahn oft als Ersatz für das Universitätsstudium gilt; dazu kommt noch, daß viele Kreise den Beamtenstand als eine ‚bessere' Gesellschaftsklasse ansehen. In Deutschland besteht zwar durch die Zwangsbewirtschaftungsämter ein zeitweilig großer Bedarf an Beamten, man muß jedoch in Zukunft mit einem Abbau rechnen. Die Zukunftsaussichten der Beamten werden jedoch durchaus unterschiedlich beurteilt. Eines steht fest: der heutige Beamten- und Angestelltenapparat ist vergreist. Durch den Krieg ist eine große Lücke bei den Jahrgängen zwischen den Dreißig- bis Fünfundvierzigjährigen entstanden. Es wird vieler junger, hochqualifizierter Fachkräfte bedürfen, um die Bürokratie wieder lebensfähig zu machen. Die jungen Beamten werden beweisen müssen, daß sie den sogenannten ‚preußischen Beamtentyp des Zwölfenders' ablösen wollen."

Die Kriegsversehrten und der Dank des Vaterlandes

Von Fritz Kempe

„So kann man ja nicht leben“, sagt der Siebenundzwanzigjährige. Heinrich Körten. „Sich immer den Kopf darüber zu zerbrechen, ob wir recht oder unrecht taten, ist Unsinn. Aber ein wenig Rücksichtnahme können wir doch wohl verlangen. Mir als Einbeinigem mit meinen Krücken macht man ja schon mal Platz in der Bahn, aber man sieht es ja nicht jedem an, daß er kriegsverletzt ist.“ Und Heinrich erzählt, daß er neulich im Versehrtenabteil der S-Bahn ein junges Mädchen bitten mußte, ihm doch Platz zu machen. Sie aber hatte empört gesagt: „Seit wann ist es üblich, daß Damen aufstehen müssen?“ „Der ganze Wagen geriet in Aufruhr“, sagt Heinrich und über sein blasses Gesicht huscht ein Lächeln. Aber auch Heinrich hat erlebt, daß ihm einer zugerufen hat: „Hättst jau tu Hus blieben kunnt, da har'st du noch heile Knoken.“

1940 ist Heinrich Körten eingezogen worden. Er kam als Strippenzieher zur Luftwaffe, 1943 wurde er im „Gespensterwald“ von Brijansk verwundet. Man nahm ihm das linke Bein ab und gab ihm eine Prothese. Ein junger Mann von vierundzwanzig Jahren war damit zum Aktenheften und Kartoffelschälen verurteilt. Dann kam Heinrich auf eine Schule zur Fernsprechausbildung. „Aber die Mädchen konnten das viel besser“, und so saß er untätig umher. Als die Opfer für den Moloch Krieg immer knapper wurden, schickte man den Einbeinigen wieder zur Truppe. Man ließ ihn ein paar Panzerfäuste auf ein Wrack abschießen und steckte ihn in einen verlorenen

Haufen zur Panzernahbekämpfung. Ein Hauptmann, in dem noch ein Funke Vernunft war, gab ihm einen Marschbefehl von Aussig nach Augsburg, wo Heinrich eintraf, als die Amerikaner zwanzig Kilometer vor der Stadt waren. Der Invalide wurde entlassen und stand auf der Straße. Er ging zum Bauern arbeiten, so schwer es ihm auch fiel; abends spielte er mit einem amerikanischen Oberleutnant Schach. Der gab ihm dann eines Tages einen Passierschein und Heinrich marschierte mit seinem Holzbein über hundert Kilometer, bis er endlich an eine befahrene Bahnlinie kam. Auf Ölzügen trampte er nordwärts. „Die Tunnel mit ihrem starken Sog haben manchen umgebracht", erzählt er, „ich mußte mich verflucht festhalten." Im August war er endlich in Hamburg. Nach wochenlangem Kampf wurde ihm eine Rente bewilligt.

Heinrich Körten machte sich auf Arbeitssuche. „Ich habe dann angefangen, Räder anzunageln, das ist gar nicht so einfach." Sein Arbeitgeber, ein Spielzeughersteller, meint, daß Heinrich sein geschicktester Nagler gewesen sei. – Gewesen? – Ja, denn im Dezember ist Heinrich die Prothese zerbrochen. Vierzehn Tage ist er jeden Morgen in der Dunkelheit und Vereisung dreißig Minuten Wegs zur Werkstatt auf seinen Krücken gehumpelt. Eines Morgens glitt er aus und schlug sich den Stumpf auf. Er muß nun feiern, bis er seine Prothese wiederbekommt. „Vielleicht im Mai", sagt er resigniert. „Wenn du man schmeeren kunst, den güng dat woll sneller", mosert sein Arbeitskamerad Emil. Der ist Schleifer in der Spielzeugwerkstatt. Zwei Mann sitzen an einem Tisch mit kleinen elektrisch betriebenen Schleifsteinen. Emil fehlt der linke Arm, dem Kumpel an der anderen Scheibe der rechte. Sie schleifen die Späne von den Holzautos und Eisenbahnen. Auf Stundenlohn. „Stücklohn wäre ja ungerecht für die Versehrten", sagt der Chef. Emil ist ganz zufrieden. „Mit der Schlosserei ist es ja nun vorbei, aber ich kann meine Mutter ernähren." Er lebt mit ihr zusammen in einem Behelfsheim. Heiraten? Emil wehrt ab. „As wi noch unse Renten kregen, wiren de Mäkens all scharp up uns. Aber nu? Mudder versteiht mi. Mit de Mäkens – lot mi an Land."

Langsam hätten sie sich dran gewöhnt, erzählt Emil, aber zuerst hätte es ihnen doch einen Schock gegeben, als sie merkten, daß die Mädchen nichts mehr von ihnen wissen wollten. Heinrich beginnt ganz leise die Geschichte seiner Ehe zu erzählen.

1944 schrieb sein Mädchen, daß sie heiraten müßten. Ja, und nachher kam gar kein Kind. Das war der erste Riß. Dann war das mit der Rente und „wenn man so viel Schmerzen hat, kann man sich nicht immer zusammennehmen." Es gab oft Streit, die Frau brauste auf. „Vierhundert Mark hat die Scheidung gekostet", sagt Heinrich, „es ging nicht mehr."

Versorgung, Prothesen, Arbeit, Mädchen und „Wir taten doch unsere verfluchte Pflicht, sollen wir dafür bestraft werden?" ist der Pol, um den die Gedanken der jüngeren Kriegsversehrten kreisen. „Ich betrachte es als Schlimmstes, daß ich keine Gelegenheit mehr habe, die Möglichkeiten der Zeit zu nutzen", sagt ein Kriegsblinder. „Wenn ich auf den Schwarzen Markt gehe, wird man mich betrügen." Er ist schwarzblind und meint, daß ein „praktisch Blinder", der sich mit dem Rest des Sehvermögens eben noch orientieren kann, weitaus besser dran sei. Der geht über Land und kommt mit gefülltem Rucksack wieder und wiegt die Pfunde aus und geht damit wieder fort.

Weil ihnen die Teilnahme an vielen Dingen des täglichen Lebens verwehrt ist, verlangen die Blinden um so stärker nach dem, was ihnen noch zugänglich ist. Da ihnen die visuelle Wahrnehmung verschlossen ist, leben sie desto stärker mit dem Ohr und dem Verstand. Man hört von ihnen Formulierungen, die erschütternd klar und hart sind. „Ich will als Kriegsblinder nicht zum Helden gestempelt werden, aber ich verlange, daß ich an erster Stelle stehe, weil das deutsche Volk den Nationalsozialismus und damit den Krieg gewollt hat."

„Eech wollte jarnichts als auf Vaters Hof bleiben", sagt der neunzehnjährige Rudi Qu. aus der Gegend von Lötzen in Ostpreußen. Aber er wurde 1944 eingezogen. Still und sanft, mit hängenden Schultern und toten Augen sitzt er da, Sinnbild derer, die bestimmt scheinen, mit sich geschehen zu lassen und denen Fürchterliches geschah. In zerschlissenen Wehrmachtsklamotten kam er in Hamburg bei seiner Schwester an. Aber die bewohnt mit Mann und Kind nur eine niedere Dachkammer; so landete er wieder im Heim. Er wird für einen Blindenberuf umgeschult. – „Zum Stenotypisten?" – Nei, dazu is mein Köpfchen zu schwach", sagt er. Rudi wird Bürstenmacher.

Häufig wird unter Kriegsversehrten die Frage erörtert, welche Verletzung wohl die schwerste Belastung sei. „Die Blindheit ist schlimm", sagt ein erfahrener Heimleiter, „aber noch schwerer hat es ein großer Teil der Hirnverletzten. Ich hatte einen im Heim, der bekam bis zu achtundvierzig Anfälle am Tag." Meist sieht man ihnen ihre Verletzung nicht an, aber ihre Nerven sind so angespannt, daß ein ziviles Leben für sie selbst und für die anderen, die mit ihnen umgehen müssen, dauernden Erschütterungen ausgesetzt ist.

Alle Schrecken und das ganze Grauen des Krieges, das bei anderen die Natur langsam verschüttet oder nur in drückenden Träumen beschwört, erleben die Hirnverletzten in ihren Anfällen immer wieder. Da ist der 24jährige Gustav F., der im Osten beim Nahkampf einen Schlag mit dem Gewehrkolben über den Schädel erhielt. Er macht den Eindruck eines tatkräftigen, kerngesunden Menschen, bis ihn ganz unvermittelt Müdigkeit befällt. Und im Anfall ist alles wieder da: „Näher rankommen lassen", keucht seine heisere Stimme. „Jungens, Ruhe bewahren.

Warten. Noch näher. Vierzig Meter, zwanzig Meter. Feuer frei.“

Den quälerischen Reflexionen um Schuld und Irrtum, Pflicht und Opfer setzt Bernhard Kl. aus Pillau den Willen entgegen, sein Leben selbst zu gestalten und zu fristen. Der 16jährige wurde angesichts seiner Heimatstadt zusammengeschossen. Im Lazarett nahm man ihm ein Bein ab. Er besucht jetzt einen Abendkursus um die Mittlere Reife zu erlangen und Verwaltungsbeamter zu werden. Seine Prothese mußte er in Reparatur geben. „Meine sind auch schon wieder kaputt“, sagt der einundzwanzig Jahre alte Gerhard K. Er ist doppelamputiert und hat die Prothesen nur ein paar Tage benutzt. „Das Gehen damit hat ihn sehr angestrengt“, meint der Pfleger, „er ist ganz schmal geworden und ißt jetzt doppelte Portionen.“ Gerhard ist Flüchtling aus Schlesien. Jetzt hat er die Nachricht bekommen, daß auf Grund einer Sondererlaubnis der Hansestadt Hamburg für die Doppelamputierten der Zuzug für seine Mutter gewährt wurde.

Viele Kriegsversehrte sind von der Kleinindustrie aufgenommen worden, noch viel mehr könnten dort unterkommen. – Aber ... „Ich soll arbeiten? So verrückt!“ äußerte sich ein Kriegsversehrter, der auf dem Schwarzen Markt angetroffen wurde. „Erst hab ich mir die Knochen kaputtschießen lassen, dann haben sie mir die Rente gestrichen, und als ich um ’ne Stelle gefragt habe, wollten se noch ’nen Fragebogen haben. Ich hab genug mitgemacht. Jetzt seh ich zu, wie ich am besten durchkomme. Aber arbeiten, auf Stundenlohn – nee.“ Und er wandte sich, um, auf seine Krücken gestützt, die Nachfrage nach Zigaretten zu befriedigen. „Sollen se mich doch einbunkern, was kann mir noch passieren?“

Hinter der ungeschminkten Brutalität dieser hingeworfenen Äußerung steht dennoch ein Stück Angst vor dem, was werden soll. Angst und Hoffnungslosigkeit, die immer wieder in Gesprächen mit Schwerversehrten auftaucht. Einen Teil dieser Unsicherheit der Zukunft gegenüber könnte man ihnen nehmen, wenn endlich Klarheit würde über die Handhabung der Entnazifizierung bei Schwerversehrten. Die Amnestie für die Versehrten der Stufe III und IV, wie sie im Lande Thüringen erlassen wurde, könnte manchen vor dem Nihilismus bewahren – und solchen Gerüchten den Boden entziehen wie diesen: „Wissen Sie auch, daß Amputierte, die der SS angehörten, keine Prothesen bekommen?“ …

Kinder auf Schmuggelpfaden

Von Hellmut Thieves

Durch die zerbombte und zerschossene Innenstadt von Aachen fährt die Straßenbahn westwärts. „Zum Friedhof" steht auf dem Richtungsschild, aber die vielen Menschen, die sich an diesem trüben Wintervormittag in der Enge des Wagens zusammendrängen, sehen nicht wie harmlose Friedhofsbesucher aus. Man fährt nicht mit Rucksack und Brotbeutel und Aktentasche zu einem Grab, man trägt nicht Marschstiefel, Windjacke und Schlägermütze, wenn man an einem Begräbnis teilnehmen will. Hamsterer vielleicht, oder Schwarzhändler? Man braucht nur ein wenig genauer hinzuhorchen, dann weiß man, worum es hier geht. Summen werden genannt in Franken und Gulden, in Centimes und Cents, und dazwischen tauchen wie Oasen die Namen von holländischen und belgischen Städten auf.

Niemand bemüht sich, ein Geheimnis daraus zu machen. Man ist ja unter sich, solange die Schirmmützen der Zollposten oder die schwarzen Uniformen der Polizisten nicht auftauchen! Jeder weiß vom anderen, daß er das gleiche tun wird; warum also soll man noch ein Blatt vor den Mund nehmen?

Die Atmosphäre des Schmuggels wäre kaum noch erschütternd, wenn da nicht auch eine große Gruppe von Kindern im Wagen säße, wenn nicht überhaupt mehr als die Hälfte dieser offenherzigen „Grenzgänger" kaum älter als achtzehn Jahre wäre.

Ganz vorn steht eine Gruppe von Zehn- bis Zwölfjährigen, und als der Schaffner zu ihnen tritt, kann er sich eine

Frage nicht verkneifen: „Wo wollt ihr denn hin?" – „Mir wolle nur zum Friedhof!" tönt es in dem breiten, singenden Aachener Platt zurück, und dabei lächeln sie verschmitzt. Dieses Lächeln läßt erraten, daß sie hinübergehen werden und drückt die verhängnisvolle Gleichgültigkeit aus, mit der sie den gefährlichen Gang tun.

An der Endhaltestelle steigen sie aus. Der Friedhof. Aber niemand geht durch das offene Eisentor zu den stillen Gräbern. Zwei Zwölfjährige verabschieden sich: „Wo jehst de hin?" – „Ich jon no Holland." – „No Holland? Nä, ich jon lever no Belgie, do kritt mer de Kaffee vill billiger." – „Na, denn bis hück Ovend. Kömmst de dann widder zu mir, dann spille mir noch jet Domino?" – „Ja, is in Ordnung. Also bis nachher."

Die nächste Straßenbahn bringt einen neuen Schub. Es ist wieder das gleiche Bild: mehr als die Hälfte sind Jugendliche, und wieder trennen sie sich, die einen nach Belgien, die anderen nach Holland. Die Erwachsenen sind schnell verschwunden. Vielleicht wohnen sie wirklich in diesen paar Häusern, die hier auf deutschem Boden noch stehen; vielleicht wollen sie auch nur warten, bis es dunkler wird. Geradeaus führt die Landstraße in einen Talkessel hinab. Diesen Weg nimmt niemand, denn dort unten ist die Zollstation mit dem auf- und abwandernden Posten.

Ich schließe mich einer Gruppe von Zehn- bis Dreizehnjährigen an. Sie diskutieren heftig die Kaffeepreise in Belgien. Ein schmaler Junge mit schmutzigem Gesicht und einem leeren Rucksack auf dem Rücken gibt bereitwillig Auskunft. – „Kaffee? Ja, der kostet 6 Francs das Viertel drüben." Er ist elf Jahre alt, sein Vater ist Autoschlosser. Zwei- bis dreimal in der Woche geht er nach drüben und holt Kaffee, Brot, Erbsen und Bohnen. Ob die Eltern das wüßten? – Er lächelt! – Wo er die Franken herbekommt, denn mit der deutschen Mark kann er nichts anfangen? – „Die Frangs, och die jon ich bettele."

Das ist sehr mühsam, denn oft bekommt er nur 10 Centimes. Aber 100 Centimes machen einen Franc, und 6 Francs sind ein Viertel Kaffee, das ist eine sehr saubere Rechnung. Was er mit den Sachen mache? – Die gebe er alle zu Hause ab. Natürlich esse er sich drüben erst einmal tüchtig satt, das könne ihm dann niemand mehr abnehmen. Datteln gäbe es drüben und Apfelsinen. Vom Schwarzen Markt will er nichts wissen, das brauchten sie zu Hause ebensogut.

Ein paar sind dabei, die nehmen keine leeren Taschen mit hinüber. Zögernd rücken sie damit heraus, daß sie Solinger Stahlwaren bei sich haben, Messer, Rasierklingen und Werkzeuge, die haben drüben einen guten Klang, und man bekommt sehr schnell etwas dafür. Einige haben auch Verwandte drüben, da geht das Geschäft viel leichter.

Ein größeres Mädel geht mit dieser Gruppe. Sie ist wortkarg und verschlossen und lächelt nur hin und wieder mit ein wenig herabgezogenen Mundwinkeln über die dummen Jungen, die alles so bereitwillig ausplaudern. Sie geht nicht zum ersten Male, das sieht man ihr an, und sie geht auch nicht nur ab und zu mal hinüber, für sie ist es Verdienst, Geschäft, und darum ist sie mißtrauisch, wie überhaupt die Älteren, die nicht mehr zur Schule gehen, sehr vorsichtig sind. Sie wissen, daß sie bereits als strafmündig gelten und bestraft werden können. Den Kleinen, denen kann ja nicht viel passieren, aber sie ist schon einmal gefaßt worden und hat eine Nacht auf der Zollstation verbringen müssen. Dann hat man sie wieder laufen lassen.

Mit einem Male taucht hinter einer kleinen Bodenerhebung die Höckerlinie des Westwalles auf, die in bizarren Kurven und Linien über das wellige Land läuft. Dazwischen liegen ein paar gesprengte Bunker, deren mattgrüner Tarnanstrich sich von der Schneelandschaft abhebt. Das ist nun vorbei, aber für die Jungen ist diese Linie ein

Signal. Jetzt heißt es vorsichtig sein. Ihre eben noch fröhlichen und kindlich aufgeschlossenen Gesichter sehen nun plötzlich ganz anders aus, als wären sie mit einem jähen Ruck um ein paar Jahre älter geworden. Ihre Züge sind hart, lauernd und verschlagen, und man spürt deutlich: hier ist der gerade Weg zu Ende, hier beginnt das Ungesetzliche.

Ihre Augen prüfen das Gelände. Drüben das Dorf mit dem stumpfen Kirchturm, das ist schon belgisch, und wenn man dort ist, dann hat es geklappt. Davor liegt der Wald, durch den man laufen muß. Die Erregung springt auf alle über. Sie lösen sich aus der Gruppe und verschwinden einzeln in dem dichten Gehölz. Später kommen andere. Aber auch sie haben den gleichen lauernden Gesichtsausdruck, der die kindlichen Züge überdeckt und verzerrt.

Das ist der Zug, der täglich durch das „Loch im Westen“ schlüpft, wie diese Ecke in der Fachsprache der Zollbeamten genannt wird. Natürlich tut der deutsche Zollschutz alles, um diesen ausgedehnten Jugendschmuggel zu unterbinden. Aber die Unübersichtlichkeit und Unwirtlichkeit des Geländes lassen eine vollkommene Grenzkontrolle nicht zu. Dieses Loch im Westen war schon immer ein gutes Schmugglerrevier.

Was geschieht mit denen, die gefaßt werden? Ein Mann vom Zoll gibt Auskunft: Die Zahl der „Erwischten“ geht in die Hunderte. Die meisten von ihnen sind Kinder im Alter von 6 bis 14 Jahren. Sie werden von den Großen vorgeschickt, weil man weiß, daß man diesen Kindern nicht allzuviel tun kann. Mitunter gehen sie auch aus eigenem Antrieb hinüber, ohne daß die Eltern etwas davon wissen, und dann wollen sie sich drüben nur einen „guten Tag“ machen in diesem anderen Land, von dem sie eigentlich nur wissen, daß man dort ohne Sorgen seinen Hunger stillen kann. Und das ist in ihren Augen, wenn sie an die Rationen daheim denken, schon ein wahres Schlaraffenland.

Die Größeren unter ihnen aber wissen schon genauer Bescheid und bringen das mit herüber, was zu Hause am notwendigsten gebraucht oder auch am besten bezahlt wird. Nicht immer läßt sich genau unterscheiden, ob dieser Grenzgang nur eine etwas gewagte Art der Lebensmittelbeschaffung oder tatsächlich ein planmäßig betriebener Schmuggel mit dann anschließender Schwarzmarktbelieferung ist.

In einer Ecke der kleinen Holzbude, die den Grenzposten als Unterkunft dient, drängen sie sich zusammen, die „Erwischten", die man bei der Rückkehr ins Grenzsperrgebiet aufgegriffen hat. Manche sind sehr erstaunt. Sie wollten doch bloß ... Andere schauen frech und gleichgültig in ihr Schicksal. Bei ihnen ist es Gewohnheit, und sie sind nicht zum ersten Male hier. Die „Ware" wird natürlich konfisziert; Stückzahl und Gewicht werden genau in ein Buch eingetragen, und dann kommen die Personalien an die Reihe. Bei Sechs- bis Vierzehnjährigen erfolgt eine Meldung an das Jugendamt. Im Wiederholungsfall werden die Eltern haftbar gemacht. Bei den Älteren sieht es schon schlimmer aus: Weiterleitung des Verfahrens an das Jugendgericht, und das heißt in vielen Fällen Bestrafung wegen Vergehens gegen Gesetz Nr. 161 „Schmuggel".

Manchmal werden sie auch drüben geschnappt von den belgischen und holländischen Posten. Was dann geschieht? Sie wollen nicht recht damit heraus, lassen aber dann durchblicken, daß die Verwarnung, die sie drüben bekommen, sehr viel handfesterer Natur ist.

Ein Posten kommt mit einem zwölfjährigen Mädchen herein, das teilnahmslos seiner Verhandlung zuschaut. Die Ware wird abgenommen: 1 Stück Rasierseife, 1 Stück Kernseife, 2 Zitronen, 1 Tafel Schokolade, 5 Zigaretten, 2 Dosen Streichhölzer, 1 Kilo Datteln, ¼ Pfund Kakao, 1 Pfund Haferflocken und 1 Pfund Erbsen. Ein Achtjähriger hat nur 10 Gramm Kaffee und 3 Apfelsinen. Vielleicht steckt dahinter nur die Absicht, der Mutter und den Geschwistern eine kleine Freude zu machen. Die Zollbeamten haben es manchmal schwer, wenn die fragenden Augen sie anblicken. Aber gefaßt ist gefaßt, und auch diese kleinen „Mitbringsel" müssen beschlagnahmt werden. Bei einem Sechzehnjährigen ist es wieder mehr: 500 Gramm Rinderfett, 100 Gramm Margarine, 0,8 Kilo Kaffee, 1 Strang Wolle, 3 Pakete Pfeffer, 1 Pfund Erbsen, 1 Muskatnuß, 1 Pfund Grießmehl, 150 Gramm Haferflokken und 1 Pfund Datteln. Das sieht schon sehr nach Planmäßigkeit aus, hinter der das Absatzgebiet des Schwarzmarktes steht.

Der Schwarze Markt, das ist die andere Seite, und am Abend sind es fast die gleichen Gesichter wieder, die an dunklen Straßenecken und in dem trüben Licht des Wartesaales 3. Klasse mit geheimnisvollem Tuscheln ihre Ware anbieten. Es sind die gleichen Dinge, die auch auf dem Holztisch in der Zollbude lagen: Fett und Wolle, Kaffee in holländischen und belgischen Tüten, Gewürze und Datteln und Apfelsinen.

Höhere Töchter gibt es immer noch

Von Heilwig von der Mehden

Über der Brennhexe, in der ein müdes Feuer brennt, hängt feuchte Kinderwäsche. Am wackligen Tisch davor – zwei Pappstückchen stützen das altersschwache Bein – sitzen die beiden jungen Frauen. Sie hatten sich lange Jahre nicht mehr gesehen – Annemarie, die Musikstudentin, die dann, als die Kriegslawine ihrem Ende zurollte, noch zur Flak eingezogen wurde, und Gerda, die Frau eines Rechtsanwaltes, der im Osten seine Heimat verlor.

Da sitzen sie nun in der mittleren Beamtenstadt des Nordwestens, die sie aufnahm und unterbrachte. Nicht gerade herzlich waren sie begrüßt worden, und manche schlaflose Nacht lag hinter der Anwaltsfrau. Der etwas müde, bittere Zug um ihre Mundwinkel läßt auf Sorgen vieler Art schließen. Im Gespräch, das mit sachlicher Berichterstattung begann – „ja, und dann konnte ich grade noch den Koffer greifen, Hänschen auf den Arm nehmen ... zwei Stunden später waren die ersten Panzer da ...“ – ist eine leichte Pause eingetreten. Sie hängen ihren Gedanken nach: Die vierundzwanzigjährige Anwaltsfrau, die heute zwischen Umrühren von Steckrüben, Schlangestehen vor Brot- und Milchladen mit klammen Fingern Übersetzungen tippt, die dreiundzwanzigjährige Annemarie, die den letzten Familienschmuck verkaufte, um ihr Studium abzuschließen.

Sind wirklich erst acht Jahre vergangen, seit Annemarie zum erstenmal mit hochgesteckten Zöpfen und betont würdiger Miene in einen nicht jugendfreien Film ging, um dann anschließend eine väterliche Ohrfeige zu beziehen?

„... eigentlich waren wir ja so richtige Gänse, nicht? Aber schön war es doch! Heute? Was haben denn die Mädchen jetzt ... Auf keinen Fall Illusionen! Die müssen ja viel vernünftiger und praktischer sein ... Natürlich haben die ihre Erlebnisse. Aber ob man darüber lachen kann?" –

„Na ja, deine kleine Kusine ... das war eine tolle Geschichte", meint Annemarie. „Dagegen waren wir doch direkt ‚behütet' ..."

„Meine Kusine Christel ist heute so alt, wie wir damals im Arbeitsdienst."

Als der Krieg zu Ende ist, lebt Christel B. in einem Dörfchen im Sudetenland. Die ganze Klasse war bei der zunehmenden Luftgefahr evakuiert worden. Christel ist eine gute Schülerin – nicht die Beste, aber eine der bravsten, und ihr deutscher Aufsatz ist immer der schönste.

Und eines Tages bricht die Katastrophe über sie herein. Der Krieg ist zu Ende (im Radio haben sie es gehört), aber da ist kein Frieden ... Auf abenteuerlichem Fluchtweg, von Tschechen verfolgt, die russischen Panzer auf den Fersen, zeitweise im Mahlstrom der nach Westen flutenden, in Auflösung geratenen Truppen, sucht sie sich den Weg nach Hause, zu den Eltern.

Doch in Leipzig ist alles anders geworden. In den letzten Kriegstagen hat eine Bombe das väterliche Haus zusammengeschlagen. Von der Mutter keine Spur mehr ... Der Vater als Parteigenosse ohne Stellung. Nun hockt er in grenzenloser Verbitterung und Enttäuschung den ganzen Tag in dem feuchten Keller. Eine grämliche, etwas spinöse Tante führt den Haushalt.

Christel kann es nicht mehr zu Hause aushalten. Eines Tages packt sie ihren Rucksack und geht schwarz über die Grenze ins Amerikanische zu Verwandten. Sie will arbeiten, gewiß ... aber sie hat ja nichts gelernt und ... der Registrierschein fehlt. Tagelang läuft sie sich die Hacken wund, von einer Behörde zur anderen, bis sie schließlich von den Verwandten freundlich, aber energisch nach Hause geschickt wird. Aber gerade dorthin will sie ja nicht zurück. Bis zum Zug bringt sie der Onkel, um dann beruhigt wieder nach Hause zu wandern ...

Christels Vater aber erhält eines Tages einen Brief der Öffentlichen Fürsorge aus Frankfurt a. M. Im Wartesaal hat man sie aufgegriffen, als sie versuchte, sich einen neuen „Freund" zu suchen ... Lucky strike sind die blonden Devisen unserer Tage, nicht wahr? Es ist auch nicht das erste Mal gewesen ... Man hat sie bereits einmal nach einer Vermahnung wieder entlassen. Jetzt muß sie ins Krankenhaus – der Untersuchungsbefund ist klar!

„Mit höheren Töchtern haben wir es eigentlich selten zu tun", meint die Angestellte, als sie die Akte Christel B. in das Regal schiebt – zu den vielen anderen Akten.

Den drei hübschen, siebzehnjährigen Hamburgerinnen sähe man die „höheren Töchter" aus gutem Hause auch ohne die Schulmappen und ohne die Abzeichen des Klubs an, in dem schon vor zwanzig Jahren ihre Eltern Mitglied waren. Es gibt da eine Art der Wohlerzogenheit, eine Kindlichkeit ... Jeder sieht es ihnen an, daß man zu Hause bemüht ist, alles fernzuhalten, was den Kinderglauben an eine gute und schöne Welt zerstören könnte.

„Weißt du, Irmi", – und dabei zieht die kleine Blonde mit dem Wuschelkopf die rutschenden Kniestrümpfe hoch – „mein Vater sagt, nach der Währungsreform ..." Und dann unterhalten sich die drei in der hellen Wintersonne über den Wirtschaftsumbau, von dem sie nichts verstehen und von dem sie doch mit einem dumpfen Gefühl ahnen, daß er ihr ganzes Leben von Grund auf ändern wird.

Sie haben schon ihre Sorgen, wenn sie auch schnell darüber hinweghuschen, denn noch kann man sich über Wasser halten zu Hause. Oder man tut doch so. Wissen diese Mädchen, wie es einmal aussehen wird, wenn ihre Väter, einst wohlhabende Hamburger Kaufleute, nichts mehr zu kaufen und zu verkaufen haben werden? Sind sie sich wirklich im klaren über ihre Zukunft, die hart und schwer sein wird nach diesem verlorenen Krieg?

Noch sieht es nicht so aus. Währungsreform und Wirtschaftsumbau sind keine erschöpfenden Gesprächsthemen für die drei. Da soll sich Vati ruhig den Kopf darüber zerbrechen ... Aber die Liebe, ja, das ist eigentlich im Augenblick viel wichtiger. Die Dunkelhaarige mit der drolligen Stupsnase findet das wenigstens: „Nein, es ist wirklich entsetzlich schwierig ... Die, mit denen wir tanzen und Schlittschuh laufen und Hockey spielen, ach, die sind ja noch viel zu dämlich. Na ja, und die richtigen, die erwachsenen Männer wollen wieder von uns nichts wissen ... denen sind wir zu jung."

Daß es mit der Liebe schwierig ist, meint auch die achtzehnjährige Inge, als sie zwei Oberhemden von Jürgen mit nach Hause bringt, um sie zu waschen und zu bügeln. Jürgen hat doch keine Eltern mehr. Inges Mutter findet das ungehörig und „einfach unmöglich". Sie erläßt ein striktes Verbot gegen die Hemdenwäsche. Aber Inge, sanft, still und eigensinnig, wäscht die Hemden doch heimlich, und bringt sie – ebenfalls gegen striktes Verbot – Jürgen auf seine gekalkte Studentenbude. Auf die Bude, wo er büffelt, um nach vierjähriger Pause ein zweites Abitur abzulegen. Und weil sie gerade da ist, wäscht sie gleich die eine Tasse und den Teller ab, näht einen Knopf an. Dabei unterhalten sie sich, wie es später werden soll mit ihnen, wie die Wohnung aussehen könnte, und ob man wohl Jungens oder Mädchen netter anziehen kann. Sie sind wirklich glücklich ... Es kann ja nur noch ein paar Jahre dauern. – Ach, diese paar Jahre – das wird man schon schaffen!

Als die Kohlenferien zu Ende waren, hatte man die

siebte Klasse der „Höheren Töchterschule“ in einem Heizungskeller untergebracht. Da war es wenigstens warm. Nun sitzen sie beim Scheine einer schwachen Glühbirne und über ihren Köpfen laufen die dicken Heizungsrohre. Neben den viel zu kleinen Arbeitstischen stehen – nur durch einen schmalen Gang getrennt – die Kaninchenställe des Hausmeisters, und die Kaninchennasen schnuppern durch das Gitter. Unter den Ställen fein säuberlich nebeneinander Körbe mit Futter und Mist. „Sieh mal, wie dick die ihre Kartoffeln schälen!“ tuscheln zwei Mädchen mit glattem, dunklem Haar und braunen, etwas schüchternen Augen in der letzten Bank. Eine kleine schmale Hand zeigt auf den nächststehenden Futterkorb. Man sieht es der Hand an, daß sie selbst Kartoffeln schält. „Wie können die bloß soviel Dreck an den Schalen lassen“, flüstert es zurück, „unsere würden das nicht fressen.“ „Ja, unsere …“, sorgenvoll seufzte das die erste, „ob wir nicht doch irgendwo ein bißchen altes Brot für sie kriegen können?“

Eva und Ilse, die Zwillinge, sind berühmt für ihre hauswirtschaftlichen Talente. Sie kennen die besten Rezepte aus geriebenem Brot und für Gebäck ohne Ei und Fett. Der Vater war Großindustrieller und sitzt seit zwei Jahren in einem Lager. Seitdem wohnen sie mit ihrer Mutter als vierte Familie in einer ehemaligen Ausländerbaracke. Manchmal glauben sie, daß das eigentlich mehr schuld ist an Mutters Vergrämtheit und Verbitterung als Vaters Gefangenschaft. Die Mutter führt einen hoffnungslosen, aber hartnäckigen Kampf gegen den sozialen Abstieg – so sagt sie – gegen jede Gemeinsamkeit mit den drei andern Barackenfamilien, deren Väter nicht im Lager sind und keine Großindustrielle waren. Von dem seit langem ratenweise verkauften Silber hat Mutter für jeden ein Besteck behalten. Und so essen sie alle drei mit schweren silbernen Löffeln ihre Grütze und die Steckrüben.

Eva und Ilse verstehen ihre Mutter nicht ganz. Ihnen

wäre es lieber, wenn mit dem Erlös für die letzten Bestecke endlich das Schulgeld bezahlt würde. Sie haben nichts gegen die Barackenfrauen, aber sie grüßen sie nur mit schnellem, hochmütigem Kopfnicken, weil Mutter es nicht anders will. Und weil sie wissen, wie schrecklich es für Mutter ist, daß sie selbst putzen, Kartoffeln schälen und waschen muß, nehmen sie es ihr ab. Daher die hauswirtschaftliche Tätigkeit. Aber liebend gern möchten sie etwas anderes tun ...

Abschiedsball einer Schülertanzstunde im Gesellschaftshaus „Harmonie". O Gesellschaft, o Haus ... o Harmonie!

Ein zinnoberrotes Getränk steht in den Gläsern. Die Hälfte der Birnen in den Kronleuchtern brennt nicht, und die langen Kleider wurden schon einmal von großen Schwestern getragen – vor Jahren. Und auch die jungen Mädchen von 15 und 16 scheinen dieselben zu sein: das gleiche Kichern, die gleichen „guten Manieren", das gleiche, etwas gönnerhafte Lächeln, wenn sie mit ihren jungen Kavalieren sprechen. (Wie grün ist doch so ein 17jähriger!) Der gleiche etwas verlegene Hochmut gegenüber den Kellnern. Es ist, als sei der Krieg mitleidig an diesen netten, jungen Geschöpfen vorbeigegangen. Und doch haben sich fast alle von ihnen mehr als hundertmal in Todesangst im Bunker zusammengekauert, wenn die Bomben fielen. Die kleine Blonde mit dem Vergißmeinnichtsträußchen im Haar floh über das gefrorene Kurische Haff. Von der kichernden Sommersprossigen da hinten fielen drei Brüder. Die Mutter und die kleine Schwester der langen Schlaksigen im rosafarbenen Kleid verbrannten im Luftschutzkeller. „Wir amüsieren uns schrecklich gut!" sagt sie gerade nach einem tiefen Knicks zu der Mutter ihrer besten Freundin ...

Das etwa 19jährige Mädchen mit den Kartoffeln im Rucksack und dem dicken Dreck auf den Knien der Trainingshose sagt es zu der alten Dame im abgewetzten Persianermantel: „Bitte, gnädige Frau, darf ich Ihnen meinen Platz anbieten?" Es klingt absonderlich im überfüllten Kleinbahnabteil, wo einer den anderen schiebt und stößt und drängt. Anscheinend kommt es dem Mädchen auch selbst so vor, denn es fügt noch schnell ein ganz und gar unkonventionelles „Man los!" hinzu. Später erkundigt sie sich, ob wohl Kontrolle kommt, und ob die dann fragt, woher man die Kartoffeln hat, und ob sie bloß beschlagnahmen oder ob sie auch Namen aufschreiben. „Sonst fahre ich nämlich immer mit dem Rad", sagt sie erklärend.

„Du wirst bestimmt aufgeschrieben und dann mußt du sitzen", ulkt ein junger Mann im schäbigen Militärmantel. Sie sieht ihn ehrlich erschrocken an: „O Gott, mein Vater ..."

Die Kartoffeln sind regelrecht vom Feld gestohlen. Oder geklaut – wie sie selbst es nennt. Das klingt nicht so hart. Als zum erstenmal wirklich keine Kartoffel mehr im Haus war, zog sie auf dem Fahrrad mit einer Schulfreundin los und brachte abends einen Rucksack voll Kartoffeln heim. Stolz und strahlend mit nur ganz wenig schlechtem Gewissen: „Mundraub ..." und „Die Bauern merken die paar Pfund ja gar nicht" ... Aber der Vater, früher Major und heute ohne Pension, der jetzt Spielzeugeisenbahnen anmalt, schlug mit der Faust auf den Tisch. Da hatte man sich nun immer bemüht, aus seinen Kindern anständige Menschen zu machen und nun ist eins von ihnen ein Dieb. Lieber verhungere er, als daß er gestohlene Kartoffeln äße. Man kann aber doch seinen Vater nicht verhungern lassen, nur weil er so „unmodern" ist. Seitdem gibt es eine Legende, die vom guten Bauern, der hin und wieder einen Rucksack voll Kartoffeln verschenkt. Da sieht man gleich, wie unmodern Vater ist, daß er das immer glaubt, obwohl es kaum vorkommt.

Die Mädchen aus dem Donezbecken

Sie standen ein wenig verschüchtert umher in dem Lager in Friedland, und ihre Bewegungen waren ungeübt und eckig, als sie in die neue Kleidung schlüpften, die ihnen von helfenden Händen gereicht wurde. Das Bündel geflickter und gestopfter Decken, das nun in der Ecke lag, glich einem Haufen ausrangierter Lumpen. Es war einmal die Kleidung junger Mädchen zwischen 20 und 30 Jahren gewesen.

Der Krieg hatte sie in die Welt hinausgeworfen. In Bukarest wurden sie als Rote-Kreuz-Schwestern und Nachrichtenhelferinnen eingesetzt. Sie spürten das Kochen und Brodeln vor dem Umschwung, aber sie konnten dem Strudel der Ereignisse nicht mehr entrinnen. Ein halbes Jahr nach der Gefangennahme transportierte man sie, eng zusammengepfercht, zusammen mit Volksdeutschen, in das Donezbecken.

Die Russen nennen das Gebiet, in dem sie in Baracken hausten und als Bergleute arbeiteten, das Sibirien Europas. Dort werden die besten Kohlen des Gebietes gefördert. Sie waren 150 reichsdeutsche Mädchen; zurückgeblieben sind dort noch vierzig. In der Zwischenzeit kamen einige zur Heimat, die anderen starben.

„Wir haben acht Stunden am Tag gearbeitet", sagt das eine der Mädchen. Wie ein Dokument breitet sie ihre Hände aus und zeigt die ausgearbeiteten Flächen, deren Haut zerrissen und schrumpelig ist. „An den Feiertagen, Weihnachten, Roter Oktober, 1. Mai, wurde uns eine anspornende Rede gehalten. Dann betrug die Arbeitszeit zwölf Stunden.“ Die russischen Bergarbeiter erhielten an solchen Tagen Sonderrationen, amerikanischen Speck und amerikanische Büchsenmilch. Wer achtunddreißig Grad Fieber oder eine große Wunde hatte, wurde von der Arbeit befreit. Im letzten Winter starben viele. Es gab keine Kohle zum Heizen der Baracken, wie in dem Jahre zuvor.

Ein großer Teil von ihnen war unter der Erde eingesetzt. Mit einer Tonne Kohlen war der Wagen beladen, den sie schieben mußten, bergauf und bergunter. Noch schwerer war es, beim Sprengen die Stempelhölzer heraufzuheben. Dreimal am Tag gab es dafür eine Suppe mit Kabus, Tomaten oder Gurken. Dazu kamen 1200 Gramm nasses und bitteres Brot. Für leichte Arbeit bekamen sie weniger. Die Brotmenge war der Gradmesser des Wohlstandes. Sie mußte vom Verdienst bezahlt werden. Um das zu können, verkauften sie Sachen aus dem Gepäck, das sie behalten hatten.

Die Wachen im Lager waren Russen, die einst in deutscher Gefangenschaft gewesen waren. So trugen sie teilweise einen alten Haß in sich. Aber die Behandlung war zu ertragen. „Ich bin nur einmal geschlagen worden“, sagt das eine der Mädchen und ist stolz auf das „nur“. „Mir wurden auch die Haare nicht abgeschnitten.“

Der Abschied von den anderen Mädchen, die zurückbleiben mußten, war sehr schwer. Die Schwerkranken und die Gesunden kamen nicht mit.

Drei von den zehn Mädchen – sie waren die ersten weiblichen Kriegsgefangenen, die aus Rußland in die britische Zone heimkehrten – wurden in ein Krankenhaus eingeliefert. Viele waren unterwegs ausgeladen worden, weil sie den Transport nicht ertragen konnten. In den Augen der jungen Menschen stand wie ein flackerndes Licht die tastende Frage, ob es ihnen gelingen würde, neu zu beginnen.

Vom schweren Alltag der jungen Ärzte

Von Fried Maximilian

... „Ich komme mit“, hatte er dem Mann draußen zugerufen. Während er einen Blick in seine Arzttasche wirft, überfällt ihn wieder die gleiche Angst wie oft im Traum. Wenn die Geburt nur gut geht, sein Instrumentarium enthält noch immer keine Geburtenzange, das nächste Krankenhaus ist fünfzig Kilometer entfernt, er hat kein Auto, sein Motorrad hat man ihm gestohlen. Vielleicht sollte er seine Frau wecken, sie ist auch Ärztin, aber sie erwartet ihr zweites Kind. Er wird also allein gehen, die Tasche schnappt unter seinen Händen zu. Er nimmt das Fahrrad und verschwindet mit dem Mann im dämmernden Morgen.

Als Gerhard N. vormittags schwer tretend auf dem schmutzigen Landweg mit dem Rade zurückkommt, hat Ursula N. schon mit der Praxis begonnen. Er schluckt ein paar Pillen und geht in das Gastzimmer des Dorfkruges, das jetzt seinen Behandlungsraum abgibt. Die Menschen warten auf dem Flur, einige schon seit dem frühen Morgen. Gerhard untersucht, hört sich die schwerfälligen Reden seiner Patienten an, schneidet Furunkel, verbindet Wunden und schreibt Rezepte. Er ist zu allen freundlich und hat für jeden ein persönliches Wort. Nachmittags wird er wieder auf dem Rade sitzen und Besuche machen, in fünf Dörfern, er wird zu den Flüchtlingen gehen, von denen er fast 3000 zu betreuen hat, abends wird er vielleicht Ursula und den Jungen ein paar Minuten sehen, ehe er mit den Bauern zusammen die Nachtwache auf den Feldern antritt. Aber Gerhard ist trotz allem froh: das Kind der Flüchtlingsfrau, zu der er im Morgengrauen geholt wurde, ist gesund zur Welt gekommen.

Sein Staatsexamen hatte Gerhard schon 1939 gemacht, gleich bei Kriegsbeginn wurde er eingezogen. Unterarzt in einer Kompanie, dann Bataillonsarzt, seit 1941 ist er im Osten gewesen, Truppenverbandplatz in vorderer Linie, vielen hat er beigestanden, vielen hat er nicht mehr helfen können. Das geht noch heute durch seine Träume. Dann hat Gerhard einen Hauptverbandplatz gehabt, 1945 ist er schließlich mit einem Lazarettzug in der Tschechoslowakei hängengeblieben, aus den Händen der Tschechen kommt sein Lazarett in amerikanische Gefangenschaft. Gerhard weiß Gutes von den Amerikanern zu erzählen, mit denen er damals zu tun hatte. Als er im Winter 45/46 nach Hause kommt, scheint die Erlangung einer Praxis aussichtslos, seine Frau, die er 1943 geheiratet hat, arbeitet in einer Frauenklinik, der erste Junge ist gerade ein Jahr alt, Gerhard selbst wird in eine Fabrik als Hilfsarbeiter vermittelt. Er kann nicht begreifen, daß er nicht mehr Arzt sein soll, aber da bietet sich ihm die Möglichkeit, als Bunkerarzt zu arbeiten, dann wird er Abteilungsarzt in einem Hilfskrankenhaus. Er läßt nicht nach, immer wieder läuft er zu seiner Berufskammer, bis er die Landpraxis hat. In einem Dorfgasthaus, die Patienten müssen auf dem Flur warten, ja, aber er kann ihnen helfen, trotz Mangel an Medikamenten und Instrumenten, Gerhard ist glücklich, weil er es kann und seine Patienten sagen von ihm „unser Doktor“, obgleich er seit dem Staatsexamen keine Zeit mehr hatte, diese akademische Würde zu erlangen.

„Manchmal höre ich von unseren Ärzten im Krankenhaus“, sagt die zweiundzwanzigjährige Krankenpflegerin Lotte S., „jetzt ist Schluß, ich möchte auch mal Mensch sein. Für mich gibt es keine andere Möglichkeit, ‚Mensch zu sein‘, als Arzt zu sein. Das ist mit die vollkommenste

Erfüllung des Begriffes Mensch." Sie sagt das schüchtern und wird sogar ein wenig rot dabei. Lotte wußte schon, als sie 1943 ihr Abitur gemacht hatte, daß sie Ärztin werden wollte. Nach dem Arbeitsdienst meldete sie sich zum Kriegshilfsdienst im Krankenhaus ihrer Heimatstadt in Schleswig-Holstein. 1944 mußte sie zwischendurch sechs Monate in eine Munitionsfabrik, aber dann schaffte sie es doch wieder, sie kam zurück ins Krankenhaus und erlebte dort auch die Kapitulation. 1946 bewarb sie sich um die Zulassung zum Medizinstudium, sie wurde abgelehnt, auch bei den nächsten Semestern, jetzt versucht sie es zum fünften Male. „Jeder andere Beruf wäre für mich nur ein Notbehelf", sagt sie. Mit ihr zusammen arbeitet Ruth als Krankenpflegerin. Sie ist dreiundzwanzig Jahre alt und Flüchtling aus Ostpreußen. Ihre Eltern hatten einen Hof, sie sind noch dort und Ruth hat Nachricht, daß es ihnen verhältnismäßig gut geht. „Aber sie dürfen auf der Straße nicht mehr deutsch sprechen", sagt Ruth. Es geht ihr wie so vielen Menschen, die ihre Heimat im Osten verloren, sie begreift nicht, daß sie nicht zurück kann und daß die Stadt, in der sie studiert hat, nicht mehr zu Deutschland gehört. Drei Semester Medizin hat sie noch in Königsberg absolviert, dann wurde sie Schwesternhelferin beim Roten Kreuz. Mit einem Flüchtlingsschiff kam sie 1945 im Februar nach Travemünde und nahm die Arbeit im Krankenhaus auf. Ruth hatte keine Zivilkleider. „In Pfundpäckchen haben die Eltern mir etwas geschickt", erzählte sie. Ihr Antrag auf Zulassung zum Weiterstudium in Hamburg wurde abgelehnt. „Ich hatte doch schon das Vorphysikum", sagt Ruth, „und wollte unbedingt weiter studieren." Wenigstens wollte sie am Präparierkursus im Anatomischen Institut teilnehmen. Jeden Tag fuhr sie im furchtbaren Winter 1946/47 nach Hamburg und bestürmte die Professoren. Nachts machte sie Wachen im Krankenhaus. Der Direktor des Anatomischen Instituts nahm sich ihrer schließlich an. „Aber Sie werden das nicht aushalten", gab er zu bedenken, „Nachtwache und Teilnahme am Präparierkursus und die täglichen Fahrten nach Hamburg –". Sie aber gab nicht auf. Ruth rief an und kam immer wieder, eines Tages hatte sie ihre Zulassung. „Ich mußte mich erst mal kneifen, es war wie im Traum."

Im Krieg war Konjunktur für Mediziner. Sie waren von einem bestimmten Zeitpunkt ab die einzigen, die studieren durften. Mancher entschloß sich dazu, ohne die Verpflichtung zu spüren, nur Arzt und nichts anderes werden zu können. Mancher war vielleicht darunter, der ein williges Werkzeug der Machthaber des Dritten Reiches geworden wäre, wie viele Militärärzte, die auf „Führerbefehl" Herz-, Magen- und Lungenkranke an die Front schickten, wohl wissend, daß sie auch ohne Kugel dem sicheren Tod verfielen. Das Wort: „Wenn die Gesunden sterben, ist nicht einzusehen, weshalb die Kranken leben bleiben sollen", ist wirklich gesprochen worden. Ärzte, die so handelten, sind nicht weniger schuldig als die, die in Nürnberg verurteilt wurden. Euthanasie, Vereisung und Vivisektion an Menschen sind Dinge, die jedem wirklichen Arzt die Schamröte ins Gesicht treiben. Den Nürnberg-Ärzten gegenüber stehen aber die unzähligen, die im Kriege unter Mißachtung des eigenen Lebens vielen Kameraden das Leben retteten. Wenn daher junge Ärzte in Zukunft ein Berufsgelöbnis ablegen werden, das sie verpflichtet, keinem anderen Zwang als dem des eigenen Gewissens zu gehorchen, so wird damit die Stellung des Arztes als Erhalter des Lebens wieder stabilisiert.

Die Leidenschaft, mit der die aktuellen Probleme der Medizin von jungen Ärzten diskutiert werden, und die Besessenheit, mit der sie zu ihrem Beruf drängen und ihn ausüben, ist etwas so Seltenes und wahrhaft Erfrischendes, daß diese jungen Menschen fast wie Apostel im übermächtigen Materialismus der Zeit stehen. Denn der Beruf des Arztes ist kein einträglicher heutzutage. Sicher gibt es auch unter ihnen „schwarze Schafe“, die gegen irgendwelche fettigen „Sonderhonorare“ Rezepte auf Saccharin und Lebertran schreiben oder nicht vorhandene Krankheiten bescheinigen, aber „der Beruf des Arztes ist einer der wenigen, der Menschen zwingt, nach vollendeter Ausbildung jahrelang ohne Bezahlung zu arbeiten“, sagte der Oberarzt eines großen Krankenhauses. Sein Studium hätte etwa acht- bis zwölftausend Mark gekostet, erzählt ein hospitierender Arzt an der Universitätsklinik. Er hat 1945 sein Staatsexamen gemacht, das, obwohl es kein Notexamen war, später nicht anerkannt wurde. Nachdem er bereits ein Jahr unbezahlt an einer Klinik gearbeitet hatte, mußte er das Examen mit allen Kommilitonen seines Jahrganges noch einmal machen, auch die Gebühren waren wieder zu erlegen. Er hat mit einigen anderen sogar einen Prozeß gegen den Staat angestrengt, der dazu führte, daß eine Universität das Examen anerkannte, die aber, an der es abgelegt worden war, verweigerte die Anerkennung und verschanzte sich hinter einer Verordnung der Militärregierung, die damals in Vorbereitung war. „Wir haben das Examen noch einmal gemacht, um zu beweisen, daß wir es auch das erste Mal zu Recht abgelegt hatten“, berichtet der junge Arzt. Eine gültige Allgemeinklärung dieser Angelegenheit sei wegen der fehlenden Reichsgewalt nicht zu erzielen gewesen.

Wenn diese hospitierenden, unbezahlten Ärzte am Universitätskrankenhaus bleiben wollen, dann müssen sie höchstwahrscheinlich drei bis sechs Jahre warten, bis sie in eine bezahlte wissenschaftliche Stellung aufrücken können. An sich hätten sie das Recht, schon jetzt eine Praxis zu eröffnen, aber bei der augenblicklichen Ausübung der Zulassung, so sagen sie, sei ihr Examensjahrgang erst im Jahre 1951 oder 52 dran. So bleiben sie also weiter am Krankenhaus, wenn sie es materiell durchhalten. Der eine schafft es nur mit Hilfe seiner Eltern, der andere tut Nacht für Nacht Dienst als Polizeiarzt, der dritte verkauft seine Zigaretten. Von einem Kollegen erzählen sie, daß er abgehen mußte und eine Stelle als Lagerarzt annahm, die bezahlt wurde. Aber mit der weiteren Ausbildung sei es dann zu Ende; eine wissenschaftliche Arbeit wäre eben nur am Universitätskrankenhaus möglich. Theoretisch jedenfalls, „wenn die Zeit und die Kraft dazu reichen", sagt Dr. Leonhard I. Er arbeitet von morgens acht Uhr bis nachmittags um sechs auf seiner Station mit einer Kollegin zusammen. Vollverpflegung im Krankenhaus kann er nicht bezahlen, ein Zimmer, das er dort hatte, mußte er aus den gleichen Gründen räumen. Wenn er dann nach Hause kommt, muß er selbst für sich kochen; die einzige Mahlzeit, die er während des ganzen Tages zu sich nimmt, ist das sogenannte „Beamtenfrühstück", ein Essen, das so schlecht ist, daß schon in normalen Zeiten sämtliche Ärzte des Krankenhauses einmal an Skorbut erkrankten, wie Dr. I. sagt. Dreimal im Monat macht er Nachtdienst als Arzt auf einem Polizeirevier, dafür erhält er neunzig Mark, das sind seine einzigen Einnahmen. „Ich würde es gerne öfter tun", sagt Dr. I., „aber der Andrang auch dazu ist zu groß". Dabei dauert dieser Dienst mit Hin- und Rückfahrt sechzehn Stunden und während der Nacht läuft er in dem ländlichen Bezirk umher. Ein Fahrrad wurde ihm nicht bewilligt.

Die Worte Idealismus und Heldentum sind so korrumpiert worden, daß man sie kaum zu nennen wagt, angesichts des Lebens dieser jungen Frauen und Männer aber dürfte man es ruhig tun.

Braucht man Lehrlinge für den Bergbau?

Der Deutsche Pressedienst meldete am 10. Februar: „Gegen eine Zwangsverpflichtung von Jugendlichen für den Bergbau wendet sich eine kürzlich auf der Gewerkschafts-Jugendkonferenz der Betriebsobleute in Düsseldorf gefaßte Entschließung."

Am 25. Februar: „300 meist jüngere Leute, die aus allen Berufen kommen, haben sich bis jetzt beim Hauptarbeitsamt Berlin für den Ruhrbergbau gemeldet."

Unser GAT-Mitarbeiter berichtet uns: Auf der Lehrlingszeche Neu-Iserlohn im Ruhrgebiet können 700 Lehrlinge für den Bergbau ausgebildet werden, bei einer Belegschaft von 8000 Mann, deren Durchschnittsalter sich von früher 28 Jahren auf 45 erhöht hat. Aber nur 250 Lehrlingsstellen konnten besetzt werden.

In einem Übernachtungsbunker in Hamburg wurde ‚durchreisenden' Jugendlichen erklärt: Ihr wollt ins Ruhrgebiet, in den Bergbau? Ihr habt wohl was von Schnaps und Speck gehört? Die brauchen euch gar nicht mehr!

Wir interessierten uns für den Fall, nachdem der Deutsche Pressedienst am 25. Februar gemeldet hatte, daß bisher 2800 Jugendliche im Alter von 14 bis 18 Jahren als Lehrlinge im Ruhrbergbau eingestellt werden konnten.

Lehrlingssteiger Funke auf Zeche Neu-Iserlohn berichtete uns an Ort und Stelle: „Natürlich brauchen wir weiter Arbeitskräfte, wenn die Förderung so schnell wie möglich auf über 400 000 t Kohle täglich gesteigert werden soll.

Auch ältere, bergfremde Jugendliche werden in zwei Monaten umgeschult.

Wer mit 14 Jahren anfängt, arbeitet zwei Jahre über Tag in der Schreinerei, Schlosserei, Schmiede oder Schweißerei. Je einmal wöchentlich ist Schule und Ausbildung im Modellraum. Mit 15 Jahren ist der junge Kumpel einmal wöchentlich 5 Stunden unter Tage, mit 16 geht's ins Lehrrevier. Mit 14 Jahren ist der Lehrling schon lebensfähig: er bekommt 2,14 RM pro Tag und 20 RM Zuschuß. Im zweiten Jahr sind es 2,70 RM und 25 RM, im dritten 3,55 RM und 40 RM. Mit 17 Jahren verdient er als Knappe 6 RM, mit 18 6,60 RM und mit 21 Jahren 8,05 RM ..."

Gespräche mit jungen Arbeitern

Von Fried Maximilian

Das ist das Merkwürdige, der Klassenkampf – dem Sprachgebrauch und der Erscheinung des Arbeiters von 1920 etwa aufs engste verbunden –, der Klassenkampf ist tot. Für die Jungen jedenfalls. „Klassenkampf, der ist doch gegenstandslos", sagt der zwanzigjährige Gerhard B. „Um den Trödel, den ein paar Leute noch haben, sollen sich die Alten streiten, wir Jungen haben doch alle nichts mehr."

Und das ist das andere Merkwürdige bei Gesprächen mit jungen Arbeitern: es zeigt sich nichts, was spezifisch nur für sie zutreffend wäre. Ihre Sorgen sind genau die gleichen, wie bei allen anderen jungen Menschen – die Schuhe, die Kleidung, das bißchen tägliche Fressen, das man dazubesorgen muß, um nicht zu verhungern. „Seien wir doch ehrlich", sagt Egon, der Maschinenschlosser, „wenn der Schwarze Markt nicht wäre, würden wir nicht mehr leben." Er „kompensiert" sich mit seinen Zigaretten durch. Günther, der Elektrofacharbeiter, muß ab und zu über Land fahren, „auch für meine Mutter und den vierjährigen Bruder". Aber sie wissen genau, wie weit sie dabei gehen können, sie schachern nicht, um Geld zu machen, sie sorgen nur für das, was sie brauchen, um durchzukommen.

Arbeiten wollen sie, was lernen, immer mehr in sich hineinfressen von den Möglichkeiten, die ihnen ihr Beruf bietet. Die Menschen in Deutschland brauchen soviel, Töpfe und Gasherde, Häuser und Betten, Füllfederhalter und Anzüge. Das wollen sie ihnen schaffen. Für den Frieden wollen sie arbeiten, für den Frieden wollen sie leben. Ein zwanzigjähriger Fabriktischler sagt: „Ich bin im Internationalen Klub, da kommen wir mit vielen jungen Menschen zusammen, Engländern, Griechen, Schweizern. Glauben Sie, einer von denen will den Krieg? Kriege machen nur die Alten."

Dieser Zwanzigjährige ist schon viel herumgekommen. Als Arbeitsdienstmann nach Holland, als Panzerjäger in den Südosten. Er wollte Steinmetz und Bildhauer werden, bei einem Arbeitsunfall verlor er sein rechtes Auge. Jetzt steht er als Tischler an der Maschine in einer Fabrik. Es ist ein Anlernberuf, er ist Arbeiter mit Stundenlohn nach Tarif und den gesetzlichen Abzügen. Nach den soziologischen Standardbegriffen ist er ein Proletarier. Gerhard, der Maschinentischler, der eigentlich Steinmetz werden wollte und Mitglied des Internationalen Klubs ist, ist kein „Klassenkämpfer" und kein „Proletarier", vielleicht könnte er ein Revolutionär werden – einer höchst heilsamen Revolution, deren Erfolg Sieg des gesunden Menschenverstandes heißen würde.

Das ist das dritte Merkwürdige bei diesen jungen Arbeitern, sie haben höchst eigenwillige Gedanken. „Ich glaube, daß die Arbeiter keine Partei brauchen zur Vertretung ihrer Interessen, dafür sind die Gewerkschaften da. Denen ist ganz gleich, ob einer Katholik oder Atheist, Marxist oder christlicher Sozialist ist. Uns Junge zu früh für eine Partei zu gewinnen, halte ich für grundfalsch, meistens sind wir nur die Nachplapperer dessen, was unsere Väter sagen."

Der diese Meinung äußert, ist zwar schon ein wenig älter, in ein paar Jahren wird er dreißig sein. Er selbst hat sich auch entschieden, er ist Sozialdemokrat. Seine Gedankengänge sind völlig undoktrinär. Als ein Siebzehnjähriger meint, daß er den Eindruck habe, daß die sozialistischen Wirtschaftsreformen doch nicht das Richtige seien, sagt der Ältere: „Wo gibt es eine im sozialistischen Sinne ideale Wirtschaft? Im Osten herrscht der Staatskapitalismus und im Westen wird experimentiert. Sollten wir nicht unsere Chance nutzen und eine Wirtschaft formen, die dem Arbeiter seinen Teil am Gewinn gibt, ohne dem Unternehmer die Lust an der schöpferischen Initiative zu nehmen?"

Die jungen Arbeiter haben sehr wohl begriffen, daß es kaum eine Entscheidung gibt, die nicht politischen Charakter hat, „aber die meisten gehen um Fragen der Politik herum, wie die Katze um den heißen Brei", meint Egon, der Maschinenschlosser. Nur wenn es sie selbst angeht, gewinnen die Fragen plötzlich Leben. Jugendschutz und Jugendrecht oder gar das Arbeitserziehungsgesetz sind etwas, über das sie sprechen. „Das ist doch ungehörig", meint ein Achtzehnjähriger mit tiefem Ernst, „da werden Gesetze gemacht, vor deren Erlaß bestimmt kein Jugendlicher um seine Meinung gefragt wurde." Aber Egon, dessen Hände stark und breit sind, mit Poren und Nägeln, aus denen die Spuren der Arbeit auch am Feierabend schwer wegzubringen sind, sagt: „Mensch, das Gesetz ist ja nicht für uns gemacht worden."

Überhaupt dieser Egon! Er wollte Flugzeugbauer werden, Junkers in Dessau hatte ihn als Lehrling angenommen 1945. „Aber die Russen waren eher da als ich", erzählt er. Damit war der Traum aus, jetzt arbeitet er als Maschinenschlosser bei einem öffentlichen Betrieb. Alles nur „Blechschusterei", sagt Egon etwas verächtlich. Er hofft, 1948 seine Facharbeiterprüfung zu machen. Dann will er erst mal zu einer Privatfirma, um mehr zu lernen. Am liebsten würde er wandern, mal hier reinriechen, mal da. Am allerliebsten aber würde er doch noch Flieger werden. „Wenn es wieder eine deutsche Verkehrsfliegerei gäbe, würde ich es dort sofort versuchen. Bloß keine Bomben schmeißen, nee, dazu hab ich zu oft drunter gesessen." Vorläufig arbeitet er für fünfzig Mark Erziehungsbeihilfe, minus Abzüge. Sein Vater ist Kraftfahrer. „War er aber schon immer, nicht wegen der Konjunktur bei den Lebensmitteltransporten."

„Meine Eltern sollen was zu essen haben", erzählt Rudi aus Bitterfeld im schönsten Sächsisch. Zehn Päckchen mit Fischkonserven hat er unterwegs, angekommen ist noch keins. Die Kameraden versuchen ihn zu trösten mit Erzählungen von sagenhaften Laufzeiten der Post in der russischen Zone. Rudi macht ein skeptisches Gesicht. Er arbeitet in einer Fabrik für Fischkonserven. Saure Heringe in Fässern und Dosen. Eigentlich hatte er angefangen, Maler zu lernen. Das Werk, in dem er in Bitterfeld gearbeitet hatte, wurde demontiert, kurz vor Schluß der Arbeiten fuhr er nach Hamburg.

Im gleichen Jugendwohnheim wie Rudi lebt Hugo aus Ostpreußen. Sein Steckbrief müßte etwa so lauten: Siebzehn Jahre alt, groß und kräftig, blonde Lockentolle und verschmitzte Augen von unbestimmbarer, jedoch ziemlich heller Farbe. Besondere Kennzeichen – eine Kodderschnauze. Mit der akzentuiert er alle Diskussionen mit schnoddrigen Witzen, aus denen eine Wucht Skepsis spricht. Ob es nun die Londoner Konferenz oder „Des Teufels General" ist, den er „natürlich" gesehen hat. Wegen dieser Schnauze verlor er auch seinen guten Posten als Liftboy in einem Hotel der Besatzung. Er nennt das „ein bißchen frech gewesen". Mit vierzehn Jahren wurde Rudi in ein Panzerjagdkommando gesteckt, aber bald hatte er keine Lust mehr zum „Panzerjagen" und verdrückte sich mit einigen anderen Jungens nordwärts. Im Mai 1945 wurde er Putzer bei einem britischen Major, neun Monate hatte er „ein sehr gutes Leben". Jetzt besohlt er die Schuhe deutscher Kinder beim Schwedischen Roten Kreuz. Zweimal in der Woche geht Hugo zum Boxtraining bei „seinem" Verein.

Macht man diesen Jungens, die da als Elektriker, Maschinenschlosser oder Tischler, als Telegraphenbauer oder als ungelernte Arbeiter in gefärbten, geflickten und zu kurzen Klamotten herumlaufen, einmal das Maul auf, wie man bei jungen Pferden tut und fühlt ihnen auf den Zahn, dann hat jeder so seinen Privatspaß. Der kleine, fast zierliche Leipziger, der in einer britischen Autowerkstatt arbeitet, spielt Schach. „Leidenschaftlich", sagt er und seine Augen funkeln hinter einer Brille, die ein bißchen zu weit vorne auf der Nase sitzt, als sei sie auf Zuwachs angeschafft. Dieter ist Rundfunkbastler, Spezialist für Detektorapparate eigener Fabrikation. „So'n paar Spulen finden sich immer", meint er, die anderen grinsen.

Manfred ist Laienschauspieler. Das erste Stück hat sich die Gruppe selbst geschrieben, dann hat sie ein Repertoire von Hans-Sachs-Schwänken, das sich die Jungen sauber erarbeitet haben. Die Dekoration besteht aus Schlafdekken, aber sie haben richtige Scheinwerfer und eine elektrische Klingelanlage – und viele neue Pläne. Manfred kam im Mai 1946 aus Schlesien, seine Mutter ist in Helmstedt, der Vater in Münster. Der Siebzehnjährige arbeitet in einer Autowerkstatt der Post, die nächste Stufe ist der Fahrer im Beamtenverhältnis, dann Werkführer, vielleicht Werkmeister, eine lange, mühselige Leiter. Manfred will sie erklimmen. Er will arbeiten, aber nicht sein Leben lang „Arbeiter" bleiben, er hat ein Gefühl für Sicherheit der Lebensstellung. Er möchte dem unsicheren Leben eines Mannes, der Wochenlohn empfängt, entrückt sein. Dies Ziel schwebt vielen unter den jungen Arbeitern vor.

Dieter ist Telegraphenbaulehrling, er strebt zum Handwerker, zum Leitungsaufseher, der schon Beamter ist und dann möglichst noch weiter.

Das Gefühl für den Zweck einer Arbeit, ja, selbst der Freizeit scheint so stark unter den Jungen ausgebildet zu sein, daß der Beobachter stutzig wird, als ihm von einigen erzählt wird, die engen Anschluß an religiöse Gemeinschaften gefunden haben. „Glauben Sie, daß diese Jungen ein wirkliche echte Beziehung zum Christentum haben?"

wird der Erzähler gefragt. Er zuckt die Achseln. „Die Gemeinden sorgen sehr für sie, aber es ist sehr schwer, in sie hineinzuschauen“, und nach einer kleinen Pause, „in alle.“

Das ist nun auch gleichzeitig die Antwort auf viele andere Fragen, die nicht nur die jungen Arbeiter betrifft. Sie hängen einen Mantel um sich, hinter dem sie versuchen, mit sich selbst fertig zu werden, eine Glaswand stellen sie zwischen sich und das andere, das da als Politik, Gesetz, Religion oder Kunst fordernd an sie herantritt. Sie warten ab. „Wir wissen so wenig“, sagen die einen zögernd, „sollen wir noch einmal hereinfallen?“

Die Mädchen scheinen unkomplizierter, praktischer dem Leben gegenüber. Die zwanzigjährige Karla wollte eigentlich Krankenschwester werden, als Vorschülerin hat sie schon in einem Kindergarten gearbeitet. Sie fand keine weitere Ausbildungsmöglichkeit, dann entschloß sie sich für den Beruf einer Schneiderin. Aber auch da klappte es nicht mit der Lehrstelle. Sie begann Mützen zu nähen im vorigen Winter, im Akkord, dreißig Pfennige für das Stück. Die Stube war kalt und die Finger klamm, sie schaffte nicht genug und mußte wieder aufgeben. Jetzt arbeitet sie in einem Anlernberuf als Zuarbeiterin in einem Herrenschneidergeschäft. Edith ist in einer Fabrik für Füllfederhalter. „Für den Export und für die Engländer“, sagt sie. Sie demonstriert an einem alten Füller, der ihr über den Tisch gereicht wird und den sie erst mitleidig betrachtet. „Kein Montblanc“, stellt sie sachlich fest. Dann schraubt sie ihn auseinander, man wundert sich, wieviel Teile so ein Ding hat. „Alles von der S-tange gearbeitet, jedes einzelne Teil“, erklärt Edith. Ihre Finger sind genau so flink wie ihr Mund. „Dascha ganz einfach“, sagt sie, schraubt das Ding wieder zusammen und schnippt den Füller über den blanken Tisch seinem Besitzer wieder zu. „Kannst dir auch mal ’nen neuen kaufen“, sagt sie noch.

Dascha ganz einfach, Edith.

Pi O Dabbeljuhs in der Wüste

Von einem Rückkehrer aus Camp 380

Vor kurzem ging durch Rundfunk und Presse die Nachricht, die ägyptische Regierung habe entflohenen deutschen Kriegsgefangenen Asyl und Arbeitsmöglichkeiten angeboten. Ist es da ein Wunder, daß die jungen Menschen diesen Strohhalm ergriffen und massenhaft „ausstiegen“. Doch schon kurze Zeit darauf kam eine weitere Nachricht, daß die ägyptische Regierung mehrere hundert deutsche POWs in Kairo aufgegriffen und in einem Lager festgesetzt habe, um sie den englischen Behörden wieder auszuliefern. Begreiflicherweise hatten unsere POWs dafür kein Verständnis und widersetzten sich der Auslieferung. Doch vergebens. Ist es nicht schandbar, durch solche irreführenden Aufrufe die Qualen der armen Menschen noch zu steigern?

Wer weiß denn, was es heißt, vier Jahre und länger in der ägyptischen Wüste zu schmoren, unter Bedingungen, die alles andere sind als human? In einem Zelt, 4 mal 4 Meter im Quadrat, liegen sie auf der Erde, nur ein dünner Strohsack ist ihre Unterlage, im Sommer bei Tropenhitze und im Winter bei unangenehmer Kälte. Ohne elektrisches Licht, nur bei einer Petroleumfunzel hocken sie auf Kistenschemeln an einem immer sandbestaubten Tisch, Tischdecken sind nicht erlaubt. Das Essen ist ausreichend, aber aus Mangel an Kochkesseln gibt es fast nur Zusammengekochtes. Blech und nochmals Blech ist ihr Eßgeschirr und der Wunsch, mal wieder von einem richtigen Teller essen zu können, wird zur Psychose. Die Wanzenplage ist schrecklich. In den Sandwänden der Zelte, in jedem Stück Holz, in den Koffern, Büchern, überall wimmelt es von Wanzen. Nachts glaubt man oft, in einem Ameisenhaufen zu liegen. Es gibt kein Bekämpfungsmittel!

Etwa 100000 ehemalige Soldaten des Afrikakorps, Griechenland-, Kreta- und Italienkämpfer ringen dort seit Jahren den verzweifelten Kampf um das „Nicht wissen, wann". Jeder Zuchthäusler weiß den Tag seiner Entlassung, unsere POWs wissen es nicht. Wohl sind seit Ende des letzten Jahres etwa 20 v. H. entlassen worden, wann aber kommen die letzten der restlichen 80 v. H. dran?

Die Drahtzaunpsychose nimmt die tollsten Formen an. Junge blühende Burschen starren einen an mit lethargisch tierischem Blick, andere heulen wie Weiber. Die Sexualnot treibt diese jungen Menschen zur Homosexualität in hohem Prozentsatz.

Wenn eine Zeltgemeinschaft jahrelang zusammenwohnt, zerfällt auch die beste Freundschaft. Einer wird der Feind des andern. Es gehört viel Toleranz und Menschenkenntnis dazu, über die kleinen Schwächen des andern hinwegzukommen. Aber aus der eigenen Hilflosigkeit heraus ärgert man sich über alles an dem andern. Jede Regung, Bewegung und Äußerung des Zeltgenossen kennt man schon im voraus. Nie ist man allein, um mit sich fertig zu werden.

Seit dem Frühjahr dieses Jahres hat man dem POW einige Erleichterungen geschaffen. In seiner Freizeit darf er sich in einem Umkreis von fünf Meilen frei bewegen, darf dagegen keine ägyptischen Dörfer betreten oder dort etwas kaufen. Wer dort von der Military Police erwischt wird (die eingesetzten deutschen Militärpolizisten sind die schärfsten!), wandert 28 Tage in den Kallabus. Auch ist am Bittersee ein Stück Strand zum Baden freigegeben.

Hat man nun seine erforderlichen Punkte zusammen

und hat seine Versetzung in den „Repat.-Wing“ in der Tasche, dann muß man die Freude selbst erlebt haben, um sie schildern zu können. Von der Einschiffung in Port Said bis zur Entlassung im Munsterlager ist ein einziger Freudentaumel. – Nun aber beginnt ein neues Martyrium in der Heimat. An seiner Freude gemessen meint er, andere müßten sich mit ihm freuen. Gebt uns unsere Gefangenen wieder! Wie oft hat er diesen Ruf in der Wüste gehört, wie aber wird er empfangen?

Gesetze, Verordnungen, Paragraphen und Fragebogen rasseln nur so über ihn herein. Auch das wäre noch zu ertragen, wenn die Auslegung durch unsere Beamten etwas menschlicher wäre. Anstatt zu fragen: „Lieber Freund, wie kann ich dir helfen?“ heißt es in den meisten Fällen: „Wie kann ich dir Hindernisse in den Weg legen!“ Beim Wohnungsamt erscheint einer. Auf die Frage: „Wo hielten Sie sich 1939 auf?“ lautete die Antwort: „In Sachsenhausen im KZ.“ „Dann sind Sie hier nicht wohnberechtigt, dann müssen Sie dort wieder hin.“ Ein anderer: Seit 20 Jahren betrieb er selbständig ein Gewerbe bis zu seiner Einberufung 1939. Er war aus der Handwerksrolle gelöscht. Sein Gesuch um Wiederaufnahme seines Betriebes wurde vom Innungsobermeister abgelehnt (da er früher einmal versäumt hatte, sein Meisterstück zu machen) mit der Begründung, er müsse erst seine Qualifikation nachweisen. Solcher und ähnlicher Amtsschimmelblüten gäbe es noch mehrere.

Darum ein Appell an die Beamtenschaft: Helft ihnen und macht es ihnen leicht!

POW = Prisoner of war = Kriegsgefangener

Kleine Geschichte aus einer Lagerzeitung in England

An einem Feierabend saßen sie vor der Hütte des Kriegsgefangenenlagers, und einer von ihnen begann zu erzählen:

„Jedesmal, wenn wir beiden auf dem Feld unten an der Straße arbeiteten, kamen zwei Kinder vorüber. Brüderchen und Schwesterchen. Sieben- und achtjährig. Sie gehörten in das kleine Landarbeiterhäuschen jenseits des Hügels. Doch das erfuhren wir erst später.

Anfangs trabten sie nur scheu vorbei. Danach blieben sie immer öfter stehen, als hätten sie gerade an dieser Stelle der Straße etwas Unumgängliches zu schaffen, und sahen zwischendurch verstohlen zu uns her, wie wir Rüben hackten oder Hecken schnitten. Jedesmal aber, wenn wir unversehens in ihre Nähe gerieten, wandten sie sich verlegenen Gesichtes, gingen die ersten Schritte wie Ertappte beiseite und liefen danach lachend davon.

So begann es. Doch diese Zeit ist längst vorüber. Als erste vermochte die kleine Maud ihre weibliche Neugier nicht mehr zu bezähmen und tat eines Tages den Schritt über die Straße. Dann kam Bill hinterhergeschlendert, gelassen, gleichgültig tuend, wie ein Mann. Heute winken sie schon von weitem oder stehen neben uns und befragen und beobachten jeden Handgriff, den wir tun, bestaunen jeden Gegenstand, den wir tragen. Diese fremden Männer sind aber auch zu wunderlich; ihre Sprache, ihre Kleider, ihre Sitten, der Inhalt ihrer Taschen. Sie können Pfeifen schnitzen und Flitzbogen machen und Karren reparieren und Puppen wieder lebendig werden lassen, die man ihnen bringt. Sie sind schlechtweg zu bewundern.

Ja, als ich gestern Bill fragte: „Und was willst Du einmal werden, wenn Du groß bist?“ da gab es für ihn kein Besinnen, aber mir gab es trotzdem einen seltsam raschen Stich durch die Brust, als er treuherzig zu mir aufsah und sagte: „P. O. W.“

Jugendgruppenleiter suchen einen neuen Anfang

Von Walter E. Döll

„Ehe wir im Sommer auf Fahrt gingen, mußte ich dem Schuhmacher von Hans L. ein paar Zigaretten zustecken, damit er ihm seine Stiefel reparierte", sagte Otto F., der Leiter einer Jungengruppe. „Vom Schuhwerk hängt überhaupt viel ab, ob meine Jungen mitmachen oder nicht. Die Eltern vertreten die nicht unrichtige Auffassung, daß jeder Weg, der nicht für die Existenz der Familie gemacht wird, heute gespart werden muß. Und Willi P. mußte erst auf mein gutes Zureden seine zweite Hose leihen, sonst hätte sein Freund Rolf nicht mit auf Fahrt gehen können. Es sind die einfachsten Dinge, die fehlen, ehe wir mal gemeinsam etwas machen können. Bei meinen Jungen ist soviel guter Wille vorhanden, aber die Not des Einzelnen wiegt das nicht auf."

Auf jeder Leiterbesprechung der Jugendgruppen finden wir heute junge und ältere Menschen, die nach dem Zusammenbruch Deutschlands die Kraft finden, nicht allein ihrer Jugend zu leben, sondern bis in verantwortliche Stellen hinein, der jungen Generation neue Wege weisen.

Während die Älteren aus der Tradition und dem Gedankengut der Zeit vor dem Verbot aller nichtnationalsozialistischen Gruppen ihre verantwortliche Arbeit in den Jugendgruppen neu beginnen, stehen die Jüngeren mit leeren Händen vor ihrer Gruppe, ohne Erfahrung, ohne Mittel und Hilfe, aber mit brennenden Herzen, den Jungen und Mädchen, die sich zu einer Gruppe zusammenschlossen, Führer ins Leben zu sein.

Die Bildhauerin Lieselotte K., 22 Jahre, sieht seit Monaten ihren Kollegen in kurzen Hosen in die Werkstatt kommen. Sie sprechen zusammen über ihre Freizeit. Er sagt ihr, daß er eine Jungengruppe habe, wo gesungen und erzählt wird, wo man sonntags zeltet oder tippelt. Dem jungen Mädchen gefällt die klare Art ihres Kollegen. Eines Tages sagt sie: „Wie macht man das, um eine Gruppe zu sammeln? Ich möchte mit Mädchen auch so zusammenkommen, wie Du mit Deinen Jungen."

Der junge Gruppenleiter schickte sie zur „Bundesleitung". Dort gab man ihr Ratschläge und Schriftenmaterial, damit sich Lieselotte mit den Zielen bekanntmache. „Die Mädels suche ich mir selbst und dann kommen wir auf meiner Bude zusammen. Warum sollte das nicht klappen."

Es klappte nicht. Zwar kamen einige Mädel und am Anfang saßen sie auch erwartungsvoll zusammen, aber als es dann am Sonntag auf Fahrt gehen sollte, hatte die eine das vor und die andere jenes. Lieselotte stand schließlich wieder allein. Woran lag es? Die gleichaltrigen Mädchen hatten „zum Singen und Spielen keine Lust", wie sie eines Tages etwas bitter ihrem Kollegen sagte. „Tanzboden, flirten und natürlich auch für zu Hause anschaffen", das ist der Inhalt ihrer Freizeit. Aber sie ließ nicht locker. „Jetzt fange ich mit jüngeren Mädels eine Gruppe an", erklärte sie etwas später. Und aus der kleinen neuen Gemeinschaft von 5 Mädels wurde eine größere Gruppe. „Wir haben eine Kinderwiege gekauft. Bis Weihnachten staffieren wir sie zusammen aus und schenken sie dann einer Flüchtlingsfamilie."

Mit einer praktischen Arbeit hat die Gruppenleiterin ihrer Gemeinschaft Inhalt gegeben.

Hans Schw. ist von Beruf Jugendpfleger und es ist ihm ein Bedürfnis, gleichzeitig auch Jugendgruppenleiter zu sein. Von denen, die heute jugendlich sind, sagt er: „Sie leiden darunter, daß die Erwachsenen ihnen nicht Gelegenheit geben, sich selbst aufzufangen. Man ist schnell bei der Hand mit Kollektivurteilen über die ganze Jugend, man verdammt alles in Grund und Boden und drückt seine Meinung über die Jugend in Prozenten aus. Man sollte den Jugendlichen nicht immer erzählen, wie es nicht gemacht werden soll, das wollen sie gar nicht hören, man sollte ihnen zeigen, wie man es besser machen kann."

Beruf und Berufung liegen bei Hans Schw. auf einer Linie. Er geht zu denen, die als hoffnungsloser Fall verschrien sind. „Im Winter traf ich in einer Wärmestube Jungen und Mädel, die sich in harmloser Weise mit ‚Schinkenkloppen' die Zeit vertrieben. Ich versuchte, mit ihnen ins Gespräch zu kommen. Sie waren geneigt, sich eine fremde Meinung anzuhören, ohne gleich Begeisterung oder Ablehnung hervorzukehren. Nach vielen Überlegungen sind sie zu einer Gruppe zusammengewachsen."

Der konfessionelle Jugendgruppenleiter steht im Dienst seiner Kirche. Seinen Standpunkt und die Sicht für die Arbeit an der Jugend gewinnt er aus dem Glauben. Hellmut Sch., der katholische Jugendleiter, kommt als Flüchtling aus dem Ermland, 23 Jahre, kriegsbeschädigt, studiert Medizin und ist freiwilliger Pfarrjugendleiter von 4 Gruppen einer katholischen Gemeinde. „Den christlichen Jugendleitern gehe es darum, die Jugendlichen ihrer Gruppe zu ganzen Christen zu erziehen. Ich will in meinen Jungen naturhaftes Jungsein erwecken und im Hinweis auf die Licht- und Schattenseiten des Lebens ihnen die Grenzen aufzeigen", erklärte Hellmut.

„Wir können auch als Jugendleiter nicht anfangen, wo wir aufgehört haben. Es ist alles anders geworden, auch die Jugend. Die schwierigsten Jahrgänge sind die 17–24jährigen. Was tun wir nicht alles, an sie heranzukommen. Ich gehe ihnen bis auf den Tanzboden nach, suche sie immer wieder auf, lade sie zum Gruppenabend ein und versuche, mit ihnen in Kontakt zu kommen. Die

Kleinarbeit ist es, die uns als freiwillige Gruppenleiter sehr in Anspruch nimmt."

Der Gruppenleiter einer sozialistischen Jugendorganisation Werner M. erklärt: „Ich habe keinen meiner Jugendgenossen unter mir, sondern neben mir. Wenn wir 24 Jungen und Mädel zusammenkommen, bin ich nur der Fährmann durch den Gruppenabend." Zwanglos besprechen sie Probleme, die sie als Jugendliche angehen.

Werner M. ist 18 Jahre alt, Verlagslehrling und hat für seine alleinstehende Mutter zu sorgen. „Zum Leidwesen meiner Mutter bin ich fast keinen Abend zu Hause, so stark stehe ich außer meinem Beruf in der Jugendarbeit. Heimabend, Sport, Kursus, Leitersitzung und an einem Abend noch Volkstanz – so sieht der Wochenplan dieses Jugendgruppenleiters aus. Zum Wochenende bin ich dann mit meiner Gruppe auf Fahrt. Mit vier Scheiben trocknem Brot im Beutel. Schwarzhandel? – nein, wird nicht gemacht."

„Wie ich Jugendgruppenleiter wurde? Unsere Gruppe ist 1946 im Vorort von Hamburg entstanden. Wir hatten alle keine Ahnung von der Jugendbewegung und heute stehen wir mitten drin. Ich kam zur Gruppe aus dem Bedürfnis, mit Gleichaltrigen zusammen zu sein und als dann der Leiter mal krank wurde, mußte ich einspringen. Zuerst war es nicht einfach."

Das ist die Situation, daß neben alten, erfahrenen, aus der Zeit der alten Jugendbewegung vor 1933, ganz junge, begeisterte und auch mit manchen Fehlern behaftete Gruppenleiter vorhanden sind. Diejenigen, die altersmäßig und pädagogisch den größten Einfluß haben könnten, die 23–28jährigen, stehen entweder abseits oder sind im Kriege geblieben. Es ist nicht verwunderlich, wenn so manche hoffnungsvolle Gruppe an der Unfähigkeit des Leiters zerbricht.

„Wir haben aus den vergangenen zwölf Jahren gelernt", sagte Heinz Sch., der Leiter einer evangelischen Jugendgruppe, „daß man dem Anspruch, den eine staatliche Macht erhebt, nur gerecht werden kann, wenn man ein innerlich in Gott fest gegründeter Mensch ist. Die Versprechungen, die Menschen anderen Menschen geben, sind relativ. Hier lag auch die Gefahr, der die deutsche Jugend unterlag. Aus der Kenntnis dieser Dinge hat der heutige evangelische Jugendleiter gelernt und trägt ihnen Rechnung."

Es ist aber auch das Wagnis, heute wieder an die Arbeit heranzugehen. „Wir machen die Erfahrung", so fährt Heinz Sch. fort, „daß ein großer Teil der Jugend heute wieder eine Bindung an Gott sucht. Viele unserer jetzigen Jugendleiter haben noch einen kleinen Funken der damals erlebten Gemeinschaft in sich. Während der tausend Jahre mußten sie schweigen. Jetzt, wo die Asche weggeräumt ist, sind sie wieder dabei."

Manche sagen, zum Jugendgruppenleiter muß man geboren sein. Dieser Satz spiegelt sich in der Erkenntnis, wie eine Jugendgruppe aussieht, so ist auch ihr Leiter und wie der Führer, so ist auch seine Gruppe. Und doch kann man diese scheinbar feststehenden Begriffe bei der Lage unserer Jugend nicht als konstant ansehen.

Wieviel Enthusiasmus, Feingefühl und pädagogische Veranlagung geht aus dem Bericht des gleichen Jugendgruppenleiters hervor, der die „schinkenkloppenden" Jungen und Mädel zu einer Gruppe zusammenführte und sich dann noch um andere Jugendliche kümmerte.

„In einer Dienstgruppe finde ich eine größere Anzahl Jugendlicher. Ihre Leiter, ehemalige Offiziere, bezeichnen sie als Buschräuber, als hoffnungslose Himmelhunde und sagen, man müßte sie alle durch den Wolf drehen, dann könnten sie wenigstens als Hundefutter verkauft werden. Ich hole mir die Erlaubnis und unterhalte mich mit ihnen in ihren Nissenhütten. Die Jungen sind überzeugt, daß sie im Falle ihrer Entlassung dem zivilen Leben ziemlich hoffnungslos gegenüberstehen werden. Ihre

Pläne für die Zukunft sind so krumm, daß sie bei der Verwirklichung schnellstens mit der Polizei in Berührung kommen müssen. Schwarzhandel ist für sie keine verwerfliche Handlung. Sie entladen einen Lazarettzug und einzelne bringen es fertig, den Kranken zwei und drei Wolldecken zu stehlen. Das Dschungelgesetz hat für sie absolute Gültigkeit. Meine Gedanken über ihre Lage hören sie mit viel Interesse, einige nehmen an einem Zeltlager teil und interessieren sich für die Feierstunden der Jugendorganisation."

„Man müßte sie aus ihrem Landsknechtsreservedasein herauslösen können", so berichtet Hans Schw. weiter, „um mit ihnen weiter zu kommen. Ihnen fehlen Bücher und Zeitschriften und Anregung durch kulturelle Veranstaltungen. Was ich ihnen geben kann, ist nicht viel, aber sie brauchen Menschen, die sich um sie kümmern und die es gut mit ihnen meinen."

Lindemann wird wieder ein Herr!

Von Georg Alexander Tichatschek

Der Mann in dem weiten Russenmantel stellt sich bescheiden in eine Ecke des Abteils. Als ihm eine Frau ihren Sitzplatz anbieten will, bemerkt er es nicht, sieht sie nicht einmal an. Nicht einmal „dankeschön“ sagt er. Er versteht gar nicht, daß von ihm die Rede ist. Er hat nur das Wort „Kriegsgefangener“ begriffen. Kriegsgefangener ist er immer noch, obwohl man ihn vor sieben Tagen nach vier Jahren entlassen hat. Der Kriegsgefangene Lindemann, Wilfried, geboren am 10. 11. 1914, wurde vor sieben Tagen gefragt: Wohin wollen Sie? Wo wohnen Sie? Wo ist Ihre Familie? Auf das alles konnte Lindemann nicht einmal antworten. Es ist ihm auch alles so gleichgültig geworden. In all den Jahren hat er keine Post erhalten, obwohl er doch dreimal fünfundzwanzig Worte auf einer Postkarte nach Haus schickte. In den vier Jahren hat Lindemann alles vergessen, weil er es mußte, weil er es so wollte. Sein Stachanow-Soll erreicht man nicht, wenn man an Zuhause denkt, wenn man mit den Gedanken bei Frau Erika Lindemann ist. Es hat für Lindemann nur ein Ziel gegeben: Durchhalten und nicht vor die Hunde gehen! Als man ihn nach seiner Anschrift fragte, dachte er nach, wohin er entlassen werden wollte. Der neben ihm sagte: „Mußt ein Dorf in der britischen Zone angeben, in Niedersachsen, Gifhorn oder ... warte mal – Celle!“ Lindemann gab Celle an und wurde per Sammeltransport weitergeschickt, nach Munsterlager.

Der Arzt, der Lindemann untersucht, erzählt ihm, daß

er in diesem Monat schon der 5234. sei, der aus Rußland käme. Und die Schwester meint, er sei hochgradig unterernährt, man habe bei ihm Wasser festgestellt und Muskelschwund. Aber das wußte Lindemann auch. Sonst hätte man Lindemann in Rußland nicht in Gruppe 3 eingestuft. Als der Arzt ihm sagte, daß er in ein Sanatorium käme, daß man ihn auf den „Fischerhof" schicken würde, daß man ihm dort helfen würde, seine Frau wiederzufinden, die Angehörigen zu suchen, da verstand er es genau so wenig wie das, was man ihm vorher gesagt hatte. Lindemann macht kein Arzt mehr gesund! Lindemann will nicht mehr! Er kann nicht mehr!

Und die in der Bahn reden immer noch von den Kriegsgefangenen, von den Heimkehrern und von „Deutschlands Besten", wie viele noch draußen sind, und daß der Russe sicher gelogen habe, als er erklärte, daß nur noch 800000 in Rußland wären. Lindemann weiß es besser! Drei Jahre nach Kriegsschluß sind es noch weniger. Als er sein Lager verließ, waren von den 17000 Mann nur noch 8400 da. Und er gehörte zu den ersten Entlassungen ...

Wenn Dr. G. Zeit hat, holt er seine Patienten für den „Fischerhof" in Uelzen von der Bahn ab. Diese Patienten, die alle gleich aussehen, die alle denselben Russenmantel und die gleichen Holzschuhe tragen, deren Pelzmützen verdreckt sind und die alle denselben Strick um den Leib gebunden haben. Diesen Menschen hat man die Köpfe geschoren; man hat versucht, sie gleichzumachen. Sie unterscheiden sich nicht in der Stimme, nicht in der Sprache und nicht im Aussehen. Sie sind einer wie der andere: apathisch, stumpfsinnig, wollen nicht sprechen und blikken starr vor sich hin. Doktor G. ist jedesmal erneut betroffen, wenn er einen dieser Rußlandheimkehrer am Bahnhof abholt. „Das sind keine Menschen mehr". Man hat aus ihnen eine Masse gemacht, sie sind zu Kollektivmenschen „degradiert" worden. Ihre körperliche Verfassung ist trostlos. Von hundert haben neunundneunzig

Herzmuskelerweiterung, Wasser und sind hochgradig unterernährt.

Lange Zeit haben Doktor G. und leitende Männer von der Arbeiterwohlfahrt gebraucht, um den „Fischerhof" in ein anspruchsvolles Sanatorium zu verwandeln. Zuerst wollte die AWO aus dem 1937 erbauten Gästehaus der Stadt Uelzen, mitten in herrlichen Wäldern, ein Erholungsheim machen. Man hatte Doktor G., der damals noch in Hannover in der Jugendfürsorge tätig war, zum Leiter dieses Heimes vorgeschlagen. Doktor G. aber wollte aus dem Gästehaus ein Sanatorium machen. Seiner Meinung nach war es besser, 40 Menschen wirklich auszukurieren, sie seelisch wieder dahinzubringen, daß sie die Widerstände des täglichen Lebens überwinden können, als vielen nur zeitweilige Erholung zu bieten, sie aber nicht zu heilen.

Als der Zug einläuft, steht Doktor G. an der Sperre. Der Kriegsgefangene Lindemann geht direkt auf ihn zu – und vorbei. Der Doktor kennt das. Dieser Mann sieht keine Menschen mehr. Der Doktor geht auf ihn zu und spricht ihn an, nimmt ihn am Arm und geht mit ihm schweigend den zwei Kilometer langen Weg zum „Fischerhof". Lindemann begreift nicht, was mit ihm geschieht. Als er auf dem „Fischerhof" zum erstenmal in ein Badezimmer geführt wird, als die Schwester ihn behutsam wäscht, da kann er nicht mehr. Seine innere Verkrampfung löst sich durch einen Weinkrampf. Er begreift das alles nicht, daß man ihn mit „Herr" anredet, mit „Herr Lindemann" und daß diejenigen, die auch einmal in Rußland waren, sich gegenseitig „siezen". Er versteht nicht, daß es noch Zimmer gibt, in denen keine zwanzig Menschen hausen, sondern nur zwei oder drei, und daß es warmes und kaltes Wasser gibt, daß niemand über ihm schläft, daß er weiße Bettwäsche hat und daß eine Nachttischlampe da ist, die man ein- und ausschalten kann, daß er mit niemandem zu sprechen braucht und daß man ihn hier erwartet. Die ersten Tage findet Lindemann sich nicht zurecht, weil hier niemand „zum Essen heraustrat“, weil es an Stelle der gewohnten russischen Kohlsuppe sechs Mahlzeiten am Tag gibt, weil auf den Tischen Bestecke liegen und weiße Tücher, weil es auf der Toilette richtiges Toilettenpapier gibt und weil er ganz allein stundenlang spazierengehen darf, ohne um Erlaubnis zu fragen. Er versteht auch nicht, daß der Doktor dieselbe Kleidung trägt wie er. Eine ungefärbte grüne Uniform, daß dieser Arzt, der auf einem Auge fast blind ist und auf dem anderen sehr schlecht sieht, einen solchen Einfluß auf ihn hat.

Wenn er in der ersten Zeit zum Essen in die große Halle ging und sich an einen der kleinen Tische setzte, steckte noch jedesmal sein Löffel in seiner Brusttasche. Dieser Löffel, der für ihn soviel bedeutet. Und es dauert lange, bis er versteht, daß er ihn gar nicht mehr braucht. Wenn er in der Gefangenschaft seinen Löffel verloren hätte, so hätte er mit den Händen essen oder die Suppe aus dem Blechnapf schlürfen müssen. Und hier lagen vor jedem Platz Löffel, Messer und Gabel. Er brauchte auch nicht anzustehen, um sich sein Essen zu holen, sondern es wurde ihm gebracht. Und Pellkartoffeln wurden in der Küche gepellt. Es gab nach dem Essen einen Nachtisch, für ihn, alles für ihn, den Kriegsgefangenen Lindemann, der gar keiner mehr war, sondern der wieder anfing, Lindemann, Wilfried Lindemann, Herr Wilfried Lindemann zu werden.

Als ihm nach Tagen der Doktor mitteilte, daß man seine Familie gefunden hatte und daß seine Frau ihn wahrscheinlich bald besuchen würde, da freute sich Wilfried Lindemann wieder und der Doktor wußte in diesem Augenblick, daß der Patient Lindemann „durch“ war. Doch es bleibt abzuwarten, wie der Patient auf das Wiedersehen mit seiner Frau reagieren würde. Der Doktor hat ihr telegrafiert, sie möchte kommen, aber den Jungen sollte sie vorläufig noch zu Hause lassen. Lindemann kennt den Kleinen gar nicht. Dem Doktor ist es wichtiger, daß Lindemann seine Frau hier in der neutralen Umgebung des „Fischerhofes" erst wieder „kennenlernt".

Als Erika Lindemann den Zug verläßt, der sie aus München bis nach Uelzen gebracht hat, hat sie ein flaues Gefühl im Magen. Sie hat Angst vor dem ersten Wiedersehen mit ihrem Mann.

Der Doktor sieht Frau Lindemann in seinem kleinen Zimmer die Angst an. Er berichtet ihr kurz, wie es um ihren Mann steht. Er bereitet sie darauf vor, daß sie nicht erschrecken soll, wenn sie ihren Mann sieht: „Die Haare werden schon von selber wieder nachwachsen, Frau Lindemann. Sie müssen versuchen, Ihren Mann hier wieder neu kennenzulernen. Er ist ein anderer Mensch geworden, wie jeder, der aus russischer Kriegsgefangenschaft zurückkehrte. Er muß hier einmal erst zu sich selbst zurückfinden. Seine Gesundheit ist fast wieder in Ordnung. Und das andere ... Frau Lindemann, das liegt jetzt bei Ihnen!"

Als Erika Lindemann sich drei Tage später von dem Doktor verabschiedet, meint sie: „Herr Doktor, Sie wissen, daß ich Angst hatte, als ich hierher kam. Ich hatte Angst vor dem Menschen, den ich hier finden würde. Er ist mein Mann, und wenn ich wiederkomme, bringe ich den Kleinen mit. Sie müssen ihn kennenlernen und mein Mann kennt ihn ja auch noch nicht."

Am Abend sitzt Doktor G. wieder in seinem kleinen Zimmer, er sitzt über seine Bücher gebeugt und rechnet. Wenn man die Liegeterrasse ausbauen könnte! Man müßte nur einige Zwischenwände ziehen, dann könnten noch weitere 40 Patienten untergebracht werden, dann wäre der Betrieb erst richtig ausgelastet. Wenn die Baubehörde sich entschließen könnte, die Pläne anzufertigen, das Material zu genehmigen, dann würde der Umbau bis zum Herbst noch fertig werden. Aber die Genehmigungen dauern Monate. Wenn in den nächsten Monaten täglich 5000 aus russischer Gefangenschaft entlassen werden, so bedeutet das allein für die britische Zone 40000 Heimkehrer monatlich, 40000 Menschen, von denen fast jeder einzelne krank ist, von denen eigentlich jeder in ein Sanatorium müßte. Es ist kein Platz da, um auch nur einen Bruchteil von ihnen unterzubringen. Es ist keine Kleidung da, es sind keine Unterkünfte vorhanden. Die caritativen Verbände, z. B. die Arbeiterwohlfahrt, tun ihr möglichstes, aber ... bei 40000 monatlich!

Der Doktor rechnet und rechnet, und die Rechnung will nicht aufgehen ...

Lehrer, die das Leben lehrte

Von Fritz Kempe

Das Bild des vollendeten Menschen, der Persönlichkeit im humanistischen Sinne, war in den höheren Schulen zumindest bis 1918 unangefochtenes Bildungsideal. Die gesamte deutsche Erziehung mischte sich aus den geistigen Vorstellungen dreier Stände: den christlichen, den humanistischen und den preußischen. Nach 1918 gerieten diese Vorstellungen insgesamt heftig ins Schwanken und ehe sie sich allgemein zu einem neuen Ziel der Erziehung konsolidiert hatten, trat das hitlerische Menschenbild mit diktatorischen Forderungen auch ins Schulleben. Dies Bild aber war kein geistiges, sondern ein materialistisches: der Techniker, der Kraftprotz, der Held.

Den Erfolg dieser Erziehung kennen wir. „Die deutsche Klassik, ein blühender Garten, in dem wir noch spazierenzugehen gelernt haben, ist den Jungen kein Begriff, sie kennen nicht einmal die Bäume dieses Gartens", sagte ein Vierzigjähriger, der, wenngleich nicht Lehrer, so doch Pädagoge ist.

„Unsere Schüler wissen so wenig, daß man kaum noch von Lücken reden kann", meinte ein Studienreferendar, „es sind nur ganz willkürliche Rudimente da, aber sie wollen lernen, und das ist für uns das Erstaunlichste." Lehrer und Schüler scheinen also zunächst gleicherweise heute vor einem Vakuum zu stehen, und auch materiell unterscheiden sie sich aufs Ganze gesehen nicht voneinander. Die Nöte der Kinder heißen: Hunger, keine Schuhe und

Kleidung, keine Bücher, Schreibhefte und Bleistifte, Schlangestehen für die Eltern, Überanstrengung. Zu den Nöten der jungen Lehrer kommt die häusliche Enge und die Sorge für die eigene Familie – von den 300 Teilnehmern des einjährigen Sonderlehrganges zur Ausbildung von Volksschullehrern in Hamburg ist der größte Teil verheiratet – und die Überfüllung der Schulklassen. Durchschnittlich über sechzig Kinder unterrichten zu müssen, statt früher etwa vierzig, stellt eine große geistige und körperliche Belastung dar.

Daraus scheint die Forderung eines bekannten Pädagogen ihre Gültigkeit abzuleiten, der als Ziel der Erziehung „die Wiederaufrichtung des Menschen in seiner Schwäche durch Menschen, die in der gleichen Situation sind", aufstellt.

Die gleiche Situation aber birgt schon Ansätze zu einem neuen Weg der Erziehung, sie verpflichtet den Lehrer zur bescheidenen Hingabe an die Pädagogik, dazu, in der Schule nur Lehrer und nicht Sozialist oder Katholik zu sein, die Wirklichkeit zu sehen und nicht aus ihr zu flüchten, kurz, ganz und gar wahrhaftig zu sein. In dieser Krise des „nichtformulierbaren Erziehungsbildes" zeichnet sich noch ein anderes hoffnungsvoll ab: das Wollen zur Gemeinschaft, einer freien Gemeinschaft der Personen, einer menschlichen Nachbarschaft, aus der es den Menschen, Lehrern wie Schülern, gelingen könnte, zur Freiheit vorzustoßen.

Bei dem, was bisher gesagt wurde, handelt es sich vor allem um die „jungen" Lehrer. Das ist nun keine Altersangabe, sondern bezeichnet die „Neuen", die jetzt ihre Ausbildung beendeten oder in ihr stehen. Ihr Vorteil ist, daß sie samt und sonders zu ihrem Beruf als fertige Menschen kamen und daß ihr Entschluß aus einer wirklichen Neigung oder „Berufung" gefaßt zu sein scheint.

„Die Kinder in den Volksschulen brauchen eine besonders gute und sorgfältige Erziehung", sagt der sechsundzwanzigjährige Hermann S. Er ist im dritten Semester des sechssemestrigen Hochschulstudiums für das Lehramt an Volksschulen in Hamburg. Hermann ist der Sohn eines Medizinprofessors. „Daß Sie Volksschullehrer werden wollen, ist doch unmöglich", haben die Leute zu ihm gesagt. In seinen hellen Augen, die in einem klugen, verschlossenen Gesicht stehen, blitzt es spöttisch, als er dies erzählt. Weil er im Dritten Reich keine Möglichkeit sah, als Lehrer zu wirken, ging er zunächst in die Kaufmannslehre, dann war er fünf Jahre Soldat. Infanterist, verwundet, schließlich Offizier. „Ich war Soldat", sagt er, „weil ich glaubte, es den anderen schuldig zu sein. Alle meine Kameraden fielen, es war furchtbar. Mit 120 Mann zogen wir abends in die Stellung, am Morgen waren noch 20 übrig." Er zögert, blickt zur Seite und sagt dann: „Es klingt, als wenn es in der Zeitung steht, aber ich möchte sagen: ich will den Haß zwischen den Menschen verhindern, auch deshalb bin ich Lehrer geworden."

Das Hochschulstudium für Volksschullehrer gibt es in der britischen Zone nur in Hamburg; in den anderen Ländern werden an seiner Stelle vier Semester an einer pädagogischen Hochschule absolviert. Die Studenten müssen die „schulpraktischen Übungen" belegen, d. h. sie stehen vom ersten Semester an zweimal wöchentlich bereits vor einer Schulklasse. Außerdem sind Helferdienste an Stadt- und Landschulen und der Dienst als Sozialhelfer an einer Anstalt des Landesjugendamtes eingeschaltet. „Erst wenn man vor der Klasse steht, sieht man, ob man überhaupt zum Lehramt befähigt ist", sagt die zwanzigjährige Studentin Elisabeth. Dies „Sichselbsterproben" scheint ihr zur Unterbauung der Theorie unerläßlich, sie sei glücklich in ihrer Arbeit und habe den festen Willen, mit dafür zu sorgen, daß der Volksschullehrer zu einem neuen, besseren Ansehen käme. „Der Lehrerstand ist in den letzten zwölf Jahren arg in Mißkredit geraten", sagt auch der Student Richard G. Er ist 24 Jahre alt und hat das Volksschulstudium mit dem Gedanken angetreten, doch noch zum Studium für das Lehramt an höheren Schulen überzugehen. „Aber ich will nicht mehr umsatteln", bekennt er heute. Neben dem Hauptfach Pädagogik hat er als Wahlfach Literaturwissenschaft belegt.

„Schon als kleiner Junge wollte ich Lehrer werden." Mit diesen einfachen Worten legitimiert der heute zweiunddreißigjährige Arnold H. seinen Entschluß, sich durch den Sonderlehrgang, der auf Anordnung der britischen Militärregierung eingerichtet wurde und ein Jahr dauert, zum Volksschullehrer ausbilden zu lassen. Der damals Achtzehnjährige stand in der sozialistischen Jugendarbeit, als die Nazis ans Ruder kamen. Zwischen Verhaftungen, KZ und Gefängnis lernte er Maschinenbauer, ja, es gelang ihm sogar, ein paar Semester Volkswirtschaft als Gasthörer zu belegen. Während des Krieges hat er in seinem erlernten Beruf gearbeitet, aber nicht in der Rüstung. Nach der Kapitulation war Arnold H. zunächst bei der Kriminalpolizei tätig, „um meine Peiniger ihrer Strafe zuzuführen", sagt er. Dann war er Leiter eines Jugendwohnheims, heute ist er wieder führend in der sozialistischen Jugend „Die Falken". Er charakterisiert die Ausbildung als eine Methoden-, nicht als eine Stofffrage. Arnold H. hat als Hauptfach Musik gewählt und als theoretisches Wahlfach Geschichte. „Durch eine vernünftige Geschichtslehre können wir dazu beitragen, künftige Kriege zu verhindern", meint er.

Die „Schnellausbildung" von Lehrern ist mannigfachen Stimmen der Kritik ausgesetzt; ein Positivum darf jedoch nicht übersehen werden: die Männer und Frauen, zahlenmäßig halten sie sich fast die Waage, die sich dazu meldeten, kommen aus dem praktischen Leben und aus allen Berufen. Bei ihnen besteht nicht die Gefahr der Einseitigkeit, „sie werden nicht das Leben von der Schulbank beurteilen". Dr. Werner K., heute vierzig Jahre alt, hat schon 1933 promoviert für das Lehramt an höheren Schulen. Er und 299 andere wurden aus einer Zahl von rund 1400 Bewerbern für den Kursus ausgesucht. Da er Delegierter im Deutschen Studentenverband war, mußte er sich in den letzten zwölf Jahren mit Privatstunden durchschlagen, jetzt wird er Volksschullehrer. Er erhält für die Zeit des Lehrgangs eine Beihilfe von 152 Mark im Monat, die allen Teilnehmern je nach ihrer sozialen Lage gewährt wird.

Die „soziale Lage" der Teilnehmerin Hildegard S. ist die einer Mutter mit vier Kindern, die Älteste vierzehn, der Jüngste vier Jahre alt. „Wie ich das mache, fragen Sie? Wenn ich mittags vom Kursus nach Hause komme, lasse ich eine Schranke runter und bin Hausfrau. Lernende kann ich erst abends wieder ab zehn Uhr sein." Sie hat vor ihrer Verheiratung Germanistik und Geographie studiert, ihr Mann ist Dozent für Geographie. Da sie aus Ostpreußen nach Hamburg zurückkamen, hat er noch kein Lehramt wieder. Gleich den Studenten leisten auch die Teilnehmer am Sonderlehrgang Schul- und Sozialhelferdienst. Frau Hildegard war vor kurzem mit einer Klasse von acht- bis zehnjährigen Kindern 14 Tage im Schulheim „Moorwerder". „Ich schaffe das glänzend", sagt sie, „und außerdem bin ich ja kein Einzelfall."

Nein, Hildegard ist kein Einzelfall, Frau Gertrud K. hat es noch schwerer. Sie muß für drei Kinder, der Älteste ist acht Jahre alt, sorgen. Ihr Mann ist Chirurg, aber noch in russischer Kriegsgefangenschaft. Frau Gertrud hat Philologie studiert, 1937 machte sie ihr Staatsexamen. Neun Jahre später bewarb sie sich als Studienreferendarin und konnte im April 1947 im Studienseminar beginnen. Vorher hat sie im Fernsprechamt englische Kurse gegeben. „Ich mußte verdienen", sagt sie.

Über ein Jahr mußte auch Dr. Wolfgang N. neben dem Schuldienst arbeiten, um zu leben, denn bevor die Bestätigung im Amt nicht erfolgt ist – bei ihm hat sie so lange auf sich warten lassen –, gibt es kein Gehalt. Heute erhält er

180 Mark im Monat. Vor neunzehn Jahren hat er mit dem Studium begonnen, 1935 das Staatsexamen abgelegt. Ein Jahr war er Referendar. Da er Naturwissenschaftler ist, kam er dann zur Neulandgewinnung und im Krieg zum Überseewetterdienst. Als nach dem Rückschlag in Afrika die Kolonialhoffnungen der Nazis versanken, schob man ihn zur Infanterie ab. Jetzt unterrichtet er Geographie und Geschichte.

Ähnliche Lebensdaten sind symptomatisch für sehr viele Referendare. Ein heute dreiunddreißigjähriger Musik- und Geschichtslehrer hat 1934 mit dem Studium begonnen, das durch zwei Jahre Wehrdienst unterbrochen wurde. Dann hat er in Berlin weiterstudiert; nach dem Feldzug in Frankreich machte er das Staatsexamen und heiratete. Heute, nach dem Krieg, verdient er mit Frau und zwei Kindern 300 Mark. „Als ich am Anfang noch nichts bekam, mußte ich meine Zigaretten verkaufen, um nicht zu verhungern. In ein Konzert oder in die Oper zu gehen, wie ich es als Musiker mit meiner Frau wohl gern möchte, kann ich mir auch heute kaum erlauben."

Franz P., heute achtunddreißig Jahre alt, war bis 1939 Volks- und Mittelschullehrer; 1941 machte er das Examen für das höhere Lehramt. Gleich danach holte man ihn in den Krieg. Kraftfahrer, Infanterist, Dolmetscher und schließlich amerikanischer Kriegsgefangener in französischer Hand waren die weiteren Stationen des Lebens des heutigen Studienreferendars. Wegen völliger Unterernährung wurde er schließlich im März 1946 entlassen. „Ich habe drei Monate gebraucht, bis ich wieder denken konnte", erzählt Franz P.

Alle Studenten, Teilnehmer der Schnellausbildung und Studienreferendare haben den brutalsten und zugleich eindringlichsten Lehrmeister genossen: das Leben. Autoritätssorgen brauchen sie ihren Schülern gegenüber nicht zu haben; sie spüren das Gewicht, das ihre Lehrer haben.

Insofern gibt dies Lehren aus „der gleichen Situation" noch einen neuen Blickpunkt für die Zukunft: sollte das Erziehungsbild unserer Zeit – der Zeit des anderen Standes, des Arbeiters – nicht ganz einfach doch wieder der ganze Mensch in seinen natürlichen sozialen Bindungen sein, also doch die menschliche Persönlichkeit?

Hast du an sie gedacht?

Von Johannes Tominski

Hast du an sie gedacht – an die, die da um die Weihnachtszeit irgendwo in einer Baracke, in einem Zelt sitzen und an die Heimat denken werden, an die, die da irgendwo im kältesten Sibirien hausen, im heißen Wüstensand Ägyptens kampieren, oder in Polen, Frankreich, Jugoslawien in engen Lagern hinter Stacheldraht leben? Hast du an sie gedacht, an die Tausende von deutschen Kriegsgefangenen, die weit entfernt und einsam, bewacht und eingezäunt, ihre Weihnacht feiern müssen? An die, für die immer noch Zwang, Druck und Kommandos herrschen, die immer noch ein rauhes Landsknechtsleben führen müssen und die nach Jahren immer noch die Heimat nicht wiedersehen können?

Hast du, ehemaliger Soldat, der du selbst oft viele Weihnachten draußen feiern mußtest, an sie gedacht? Du, der am besten weiß, was es heißt, Weihnachten fern und allein zu sein? Dennoch, wie unendlich leichter hattest du es Weihnachten im Kriege, mit Zuteilungen, Liebesgaben und Briefen, damals, wo du noch Sinn und Zweck deines Fernseins erklären konntest, während deine Kameraden heute als Gefangene, als Besiegte in fremden Ländern – nicht wissend warum und wofür, wartend, hoffend und zweifelnd –, oft ohne Nachricht von ihren Angehörigen, der Weihnacht entgegensehen? Du, ehemaliger Soldat, weißt, was nur eine kleine Karte, ein bescheidener Gruß am Heiligen Abend bedeutet. Hast du deiner gefangenen

Kameraden gedacht, vielleicht nur mit einem Gruß, mit wenigen Zeilen?

Und sind deine Gedanken, junges Mädchen, ab und zu bei den fernen POWs gewesen? Damals, als sie noch schmucke Uniformen trugen, als alle Welt von ihnen sprach, als sie noch gefeiert wurden – da war es wohl leicht, an sie zu denken, ihnen Pakete und Grüße zu senden; aber heute, da sie als armselige Gefangene leben, zum Teil zerlumpt und krank, hast du da an sie gedacht? Hast du dir jetzt je Gedanken über ihre ferne, einsame Weihnacht gemacht?

Und du, Mutter, oder du, Frau, erinnerst du dich noch daran, wie ängstlich und einsam du oft Weihnachten auf deinen Sohn oder Mann gewartet hast? Und hast du nicht vergessen, daß heute noch unzählige Mütter und Frauen warten müssen und allein sind und daß manch Kriegsgefangener Weihnachten in seinem Camp sitzen wird, ohne noch eine Mutter oder eine Frau zu haben, die auf ihn wartet?

Habt ihr alle, die ihr wenigstens in der Heimat leben könnt, daran gedacht, daß noch 62000 deutsche Kriegsgefangene im Mittleren Osten leben, darunter rund 3000 „Afrikaner", die teilweise nun schon fünf oder sechs Jahre in der Wüste sitzen, daß etwa 50000 deutsche Männer als „Jeców wojennych" unter schwersten Bedingungen in den oberschlesischen Gruben arbeiten, oder daß sich noch ungefähr 70000 POWs in Jugoslawien befinden. Und drohen nicht auch die „Prisonniers de Guerre" in Frankreich, von denen viele gleich den 3000 Gefangenen in Belgien im Bergbau als „P.G.-Mineurs" tätig sind, in Vergessenheit zu geraten? Ganz zu schweigen von den ungewissen Hunderttausenden, die noch in Rußland und auch in geringerer Zahl in der Tschechoslowakei gefangengehalten werden. Als Beispiel möge hier nur sprechen, daß allein im Lande Schleswig-Holstein 184000 Kriegsgefangene und Vermißte gemeldet wurden, darunter etwa 500 ehemalige Wehrmachtshelferinnen!

Sie alle warten – und werden vertröstet. Man spricht zwar von einer endgültigen Entlassung bis Ende 1948 – vor allem bei den POWs in England –, aber solange es noch Worte sind, solange nicht der letzte deutsche Kriegsgefangene wirklich heimgekehrt ist, dürfen wir in der Heimat nicht aufhören, die Verantwortlichen zu mahnen.

Junge Frauen in einer zerbrochenen Welt

Von Fried Maximilian

„Ich danke Dir dafür, daß Du in Deinen Briefen immer von Kurt schriebst. Sie mal, ich gebe ihn doch auch nicht verloren, ich warte jeden Tag auf ihn und manchmal ist mir, als stände er vor der Tür. Aber seine anderen Freunde erwähnen ihn nie, für sie ist er anscheinend gestorben." So schrieb Ruth S. an einen Freund ihres Mannes und ein anderes Mal: „Ich kann und will ihn nicht aufgeben; wenn er sich auch noch nicht gemeldet hat, so glaube ich doch, daß er wiederkommt."

Sie hatten sich ein Heim schaffen können, mit wenigen, aber schönen Möbeln und mit vielen Büchern. Kurt war Bibliothekar, er lebte in und mit den Büchern und der Musik. Er hatte gerade eine langwierige bibliographische Arbeit vollendet, die in Druck gehen sollte, als Ruth ihr zweites Töchterchen bekam. Für alle Freunde waren Ruth und Kurt, ihre Ehe und gemeinsame Arbeit, ihr Heim und ihre Kinder der Inbegriff menschlich erreichbarer Harmonie.

Das Heim zerschlug eine Bombe, Ruth ging mit den Kindern in das Posensche, Kurt mußte seinen Dienst in der Großstadt weiter tun, nur selten sahen sie sich. Dann wurde auch Kurt eingezogen, ausgerechnet zur Artillerie. Er litt schwer unter dem Zwang, der körperlichen Anstrengung und dem Krieg. Ruth mußte aus dem Osten flüchten, Kurt konnte noch ein paar Stunden bei ihr sein und sie in einen der letzten Züge setzen, dann sahen sie sich nicht wieder.

Der Zug hatte Ruth mit den Kindern, das kleinste hatte hohes Fieber, in Fulda ausgespien, von dort wurden sie in ein Rhöndorf gewiesen, wo sie noch heute sind. Die schlechteste Kate des Dorfes, abbruchreif mit eingestürzten Wänden und schiefem Dach, wurde ihnen zugeteilt. Die letzte Nachricht von Kurt ist zweieinhalb Jahre alt, bei den Kämpfen vor Berlin sahen ihn Kameraden zum letzten Male. Ruth wartet auf ihn. „Kommt Vater nicht wieder?", fragt der Älteste. Ruth sorgt für die Kinder, soweit es ihr möglich ist und kämpft um das Leben ihrer Kinder, sie hofft – „wenn Kurt kommt ...", dabei wird sie eine alte Frau und ist kaum dreißig.

Es gibt viele solche Ehefrauen, wie Ruth in Deutschland, aber manche wird schwach im Laufe der Jahre. Soviel Herzensstärke ist eben nicht jeder Frau zugemessen. Eine läßt sich treiben zu irgendeinem Mann, sie versucht zu vergessen. „Was wollen Sie? Ich muß Menschen um mich haben, allein ertrage ich die Zeit nicht." Andere versuchen es mit dem „Schlußstrich". Sie schreiben ihren Männern in die Gefangenschaft, daß sie einen anderen gefunden und die Scheidung beantragt hätten. Noch andere wählen den Weg des geringsten Widerstandes und des größten materiellen Ertrages, sie suchen sich einen Angehörigen der Besatzungsmacht. Hein D. fand einen Mann bei seiner Frau in der Wohnung, als er aus der Gefangenschaft kam. „Wenn du es nicht erträgst", sagte sie ihm, „dann mußt du dich eben scheiden lassen."

Ruth S. hält die Hoffnung aufrecht; die vierunddreißigjährige Ärztin Dr. Erika M. hat die Gewißheit, daß ihr Mann gefallen ist.

Während ihres Studiums zog sie sich bei der Sektion einer Leiche eine Tuberkulose zu, die sie zwang, zunächst das Studium aufzugeben. Nach ihrer Heilung heiratete Erika. Als ihr Mann Soldat wurde, setzte sie ihr Studium fort und machte ihr Staatsexamen. 1943, „als die Ärzte knapp waren", wurde sie in eine Großstadtpraxis gesetzt, die sie nach bestem Wissen und Gewissen ausfüllte. Als ihr zweites Kind kam, flüchtete sie vor den Bomben nach Bayern. 1945 muß sie nach Hamburg zurück und arbeitet als hospitierende Ärztin in der Universitätsklinik. Sie erhält keinen Pfennig für ihre dienstliche Arbeit, sie lebt davon, daß sie Schwangerschaftsberatungen gibt und in der Säuglingsfürsorge tätig ist. Fünf Mark verdient sie da in der Stunde. Ihre drei Kinder müssen jetzt Bayern verlassen und kommen zu ihr. Auf die Frage, was sie dann zu tun gedenkt, antwortet Frau Dr. Erika M.: „Ich weiß es nicht, ich werde wohl noch mehr arbeiten müssen" – und sie lächelt.

Das Lächeln der Frau Therese A. ist von anderer Art, sie schuftet nicht wie die Ärztin, sie ist rund und rotbäkkig, sie hat ihren Mann bei sich, den ganzen Krieg über hat sie ihn zu Hause gehabt. Sie hat gut lächeln, – könnte man meinen. Aber sie möchte ihren Mann gerne los sein. „Ich war sechzehn, als ich heiratete", sagte sie, „ich hatte keine Ahnung, welche Last ich mir aufbürdete." Trotz ihrer beiden kleinen Jungen würde sie sich scheiden lassen, wenn nicht der Mann Verwalter in einem britischen Lager wäre, das ist natürlich angenehm bei den Zeiten. Und dann sei es ja auch schwierig mit den Wohnverhältnissen und dem Trennen der Wäsche, meint Therese. Aber von ihrem Mann will sie nichts wissen, sie grollt ihm, „weil er sie durch die Ehe hindert, das Leben zu genießen".

Aber auch bei vielen Ehefrauen, deren Männer zurückkehren und wieder irgendeine Arbeit haben, bleibt der Frau die Sorge für die zusätzliche Nahrung und Heizung. So auch bei Gerd und Charlotte. Gerd ist den ganzen Tag im Büro, er ist froh, diese Stellung zu haben, in die er sich als ehemaliger Berufssoldat hineingefunden hat. Aber er hat keine Zeit über Land zu gehen. „Er versteht es auch nicht; wenn ich darauf warten würde, wären wir längst verhungert", sagte Charlotte. Und so geht sie zu den Bauern und „tauscht".

Als Gerd aus der Gefangenschaft entlassen worden war, bekamen sie ein Leerzimmer zugewiesen. Ein Strohsack auf dem Fußboden war ihr „Ehebett“, ein paar Nägel ihr Kleiderschrank, in den sie sowieso kaum etwas zu hängen hatten. Gerd lief zwei Winter in einem Gummimantel herum, jetzt hat ihm Charlotte einen Mantel aus zwei Decken gemacht. Trotz ihrer Armut wollten sie „das Muppilein“ haben, Christine ist jetzt ein halbes Jahr alt und braun von den Mohrrüben, die Mutti heranschleppt, und niemand, auch die Oma nicht, braucht Angst zu haben, daß es Christinchen nicht gut gehen wird. Das Geld ist zwar knapp bei Gerd und Charlotte, aber wenn es gar zu knapp ist, geht Charlotte „tingeln“. Aus ihren Figuren, die sie auf der Bühne zeigt, spricht die unverwüstliche, humorvolle Lebenskraft, mit der Charlotte ihre Familie erhält, jenes Vertrauen, das sich in allen Lebenslagen zurechtfindet unter der Devise „Es wird schon gut gehen“.

Es ist gut gegangen, können Evelyn und Heinz sagen. Die neunzehnjährige Schauspielerin am Burgtheater sah 1944 in einem Wiener Lazarett einen beinamputierten Offizier. Im März 1945 heirateten sie, es war wirklich „die Liebe auf den ersten Blick“ gewesen. Am ersten Tag ihrer Ehe wurde Heinz in ein anderes Lazarett verlegt, wohin Evelyn ihm nicht folgen konnte. Evelyn ist Österreicherin, aber „ich habe mich damals für meine Landsleute geschämt“, erzählt sie, „auf dem Marktplatz des Nestes, in dem das Lazarett war, stand ein Schild, das den Verwundeten das Betreten der Stadt verbot, weil die Bewohner durch ihren Anblick belästigt würden.“ Da Evelyn durch die Heirat Deutsche geworden war, wurde sie mit Heinz zusammen ausgewiesen. Nach wochenlangen Irrfahrten kamen sie in Hamburg an, mit einer Kiste; der Koffer, der Evelyn’s Garderobe enthielt, war unterwegs gestohlen worden. Der erste Mensch, den sie auf dem Hauptbahnhof traf, war ein Bühnenarbeiter. Evelyn fragt ihn nach den Theaterverhältnissen aus, drei Tage später hat sie ein

Engagement. Ein kleines nur, danach wochenlang nichts, dann tritt sie im Kabarett auf, gastiert in vielen Städten Norddeutschlands, singt im Rundfunk selbsterfundene Schlager, – jetzt, nach zwei Jahren, hat sie es geschafft: sie gehört dem Ensemble eines guten Theaters an. Auch Heinz hat Arbeit, er zeichnet Plakate.

„Nein, es hat mir nie etwas ausgemacht, daß mein Mann Kriegsversehrter ist“, sagt Evelyn mit ihrer geschulten, klangvollen Stimme. „Wir lieben uns, – und wir würden auch gerne ein Kind haben. Aber hier in dem einen möblierten Zimmer?“

„Nichts ist unmöglich“ ist der Wahlspruch von Olga R. 1940 hat sie einen Tischler aus Ostpreußen geheiratet. Sechs Wochen sind sie nach der Hochzeit nur zusammengewesen. Als der Mann jetzt aus russischer Gefangenschaft zurückkam, hätte Olga ihn fast nicht erkannt. Lange hat er als vermißt gegolten und Olga ist auch erst 1944 wieder in die Großstadt zurückgekommen. Oh, sie hat sich umgesehen und ist tätig gewesen. Wenn sie auch nur ein Zimmer hat, die Möbel, die drinstehen, gehören ihr. Ihren Mann hat sie erst mal gehörig rausfüttern müssen, „von meinem Verdienst im Büro hätte ich das nicht können“, sagte sie, aber sie „handelt“ eben, wie es viele machen, schwarz, grau und gelegentlich auch weiß. Irgendetwas hat sie immer in ihrer Tasche. „Ich finde es auch nicht schön“, meint Olga, „aber ich bin stolz, daß ich meinen Mann wieder auf die Beine bekommen habe.“

„Ich hatte fast den Glauben verloren, daß wir uns noch einmal wiedersehen würden“, sagt Frau Inge D. Sie wußten ein Jahr nichts voneinander, nur eins von siebzig oder achtzig möglichen Lebensjahren eines Menschen. Aber dies eine Jahr war tief und finster, ein Tunnel, an dessen Ende kaum noch ein kleines Licht zu flackern schien, ein Weg, dessen Ziel dem Herzen schwer zu bewahren wurde.

Klaus D. war, wenn auch in einer untergeordneten militärischen Stellung, am 20. Juli 1944 beteiligt gewesen. Als sein Chef verhaftet wurde, ging er zum Feind über. „Ich hatte die Überzeugung, daß der Krieg nicht mehr lange dauern konnte", sagt er, „sollte ich mich da vielleicht noch aufhängen lassen?" Er war ja nur ein ganz kleiner Mann, wie konnte er wissen, daß man selbst seine Frau, die er 1943 geheiratet hatte, nicht verschonen würde. Inge wurde verhaftet, zunächst ganz höflich behandelt, aber je schlechter die allgemeine Lage wurde, desto schlimmer erging es ihr. Sie wurde von Lager zu Lager geschleppt, Buchenwald, Dachau, Ravensbrück. Zuerst war sie in einer Einzelzelle untergebracht als Sippenhäftling. Als sie nichts mehr in ihrem Köfferchen hatte, was die Aufseherinnen reizen konnte, wurde sie aus der Zelle ins Lager überwiesen. Als die Russen sich im April 1945 Berlin näherten, wurden die Frauen aus dem KZ auf die Landstraße geschickt. „Dieser Marsch war das Schlimmste", meint Inge, „ich war so schwach, daß ich die Beine mit den schweren Holzschuhen kaum noch heben konnte, aber wenn wir uns setzen wollten, wurden wir wieder hochgetrieben. Schließlich war die Erschöpfung und die Auflösung so allgemein, daß man Inge im Straßengraben liegen ließ. „Ich habe Gras gegessen, so verhungert war ich", sagt sie. Fast ein halbes Jahr dauerte noch die Ungewißheit, aber dann war Klaus wieder da.

Wen würde es wundern, wenn nach all dem, was über die Deutschen hinweggegangen ist, nach Trennung und Ungewißheit, nach Sehnsucht und Enttäuschung junge Menschen sich nur noch selten zur Ehe entschließen würden? Das Gegenteil ist der Fall. Es scheint fast, als wenn dem strudelnden Wellental, das der Krieg für die Menschen war, die Höhe einer Woge folgt, einer Woge, auf der junge Mädchen und Männer zueinandergeführt werden, damit wenigstens für sie das Leben wieder begänne. Und wenn dies Leben auch furchtbar verändert ist in seinen äußeren Umständen, wenn auch die jungen Frauen noch neben der Last des Haushaltes zu irgendeiner Arbeit gezwungen werden und wenn auch über den Erkennenden unter ihnen die Angst vor einer erneut erzwungenen Trennung schwebt, sie heiraten doch und nehmen einen Lebenskampf gemeinsam auf, der in so brutaler Schärfe früheren „jungen Ehefrauen“ unbekannt war. Die Heiratskurve der Standesämter ist nach dem Kriege wieder ständig angestiegen. In den Monaten, die „heiratsgünstig“ sind, wurden die Friedenszahlen schon fast wieder erreicht. Diese Monate heißen August, Oktober und Dezember und nicht etwa – Mai.

Übrigens wir, meine Frau und ich, haben ein kleines Zimmer in der Nähe einer sehr schönen, alten Kirche. Die schimmelbespannten Kutschen führen an manchen Tagen ununterbrochen Brautpaare heran. Meine Frau möchte gerne in einen anderen Stadtteil ziehen, nicht etwa, weil sie die Brautpaare nicht mehr sehen kann, sondern sie gerne noch einmal heiraten möchte – natürlich mich.

Entschuldigen Sie!

Eheleute unerwünscht

„Also gut, lassen wir uns scheiden", sagte Karl, als er vom Wohnungsamt zurückkam. Ich fand das ein wenig übertrieben, weil ich dachte, es sei wegen der noch immer nicht gebügelten Hemden; aber Karl sagte, anders ginge es nicht und wir könnten uns ja abends manchmal treffen. Oder vielleicht zusammen verreisen. Aber verheiratet dürften wir nicht länger sein. Wegen des Zuzugsamtes, das habe es nun mal nicht gern.

„Wenn Du mich los sein willst, kannst Du das auch so haben und brauchst mir nicht solchen Blödsinn zu erzählen", sagte ich, „und die Hemden bügle ich heute nachmittag bestimmt." Aber Karl war ganz gekränkt und sagte, es sei wirklich wahr. Auf Grund der neuesten Hamburger Zuzugs-Verordnung werde eine Aufenthaltserlaubnis prinzipiell nicht an Ehepaare erteilt, auch wenn sonst alle Papiere vorhanden seien. Als Karl der Beamtin all die vielen schönen Stempel zeigte, die wir uns in mühevoller Kleinarbeit zusammengeholt hatten, um unsre Dringlichkeit zu bezeugen, meinte sie ungerührt, bei Ehepaaren wisse man nie. Plötzlich hätten sie Nachwuchs, kämen zum Wohnungsamt gelaufen und wollten Raum. Einer solchen heimtückischen Vermehrung sei die Planung der Hansestadt nicht gewachsen. Karl beteuerte vergebens, weder Nachwuchs noch Raum zu begehren, die Beamtin lächelte jedoch wissend und erklärte, das läge nicht in seiner, sondern allein in Gottes Hand, und gegen dies Argument wußte er nichts zu entgegnen.

Gottseidank habe ich noch einen Ausweis auf meinen Mädchennamen, damit will ich es morgen versuchen.

Sonst müssen wir uns scheiden lassen. Dann klappt es bestimmt – denn als ledige Leute seien wir durchaus willkommen, hat das Amt gesagt – und wir kriegen sogar zwei Zimmer, statt des einen, das uns als Ehepaar zugebilligt würde.

Vielleicht ist es überhaupt keine so schlechte Idee.

Die nicht für die Seele sorgen ...

Von Fried Maximilian

Als die Feuerglocke der Landungsarmeen das Gebiet um Nettuno so abriegelte, daß selbst die Sanitätskraftwagen nicht mehr zu fahren wagten, um das Leben der Verwundeten zu retten, setzte sich ein katholischer Divisionspfarrer in den Sanka und fuhr ihn nach vorne, belud ihn mit Verwundeten und brachte sie in Sicherheit. Nicht einmal, sondern viele Male tat er dies. Er sah seinen Auftrag nicht allein in der Sorge für die Seelen, sondern auch in der Sorge um den leidenden Leib.

Auf einem Verbandplatz tat über zwei Jahre ein junger, unscheinbarer Pfleger seinen Dienst. Er sprach den Verwundeten Trost zu, er bettete sie bequem, er reichte ihnen einen Trunk oder lindernde Medikamente und er half denen, die sterben mußten in ihrer letzten Not, er hielt ihre Hand und betete mit ihnen. Er half allen, ob Katholiken, Protestanten oder Orthodoxen, ob deutsch, russisch, italienisch oder rumänisch ihre Muttersprache war. Es war ein junger Kaplan, der aus freiem Entschluß in das Zentrum des leiblichen und seelischen Leids gegangen war, um für beide gleicherweise sorgen zu dürfen.

Aus den letzten grauenvollen Tagen eines Konzentrationslagers wird von einem jungen evangelischen Theologen berichtet, der, obgleich selbst am Ende seiner Kräfte, von Pritsche zu Pritsche schlich, um den verlöschenden Leidensgenossen beizustehen, um durch den Trost, den er ihren Seelen gab, den Leib stark zu machen zum Aushalten bis zur nahen Rettung.

Das ist die entscheidende Zweiheit: Leib und Seele. – Es gibt keine Seelsorge ohne Leibsorge. Die unsterbliche Seele ohne die Überkleidung des Leibes ist die Erfindung Platos und hat mit dem Christentum nichts gemein. Schon Paulus empfindet Pein bei dem Gedanken, daß seine Seele am jüngsten Tag ohne Leib gefunden würde. Nur so ist auch sein Wort zu verstehen: „Es wird gesät verweslich und wird auferstehen unverweslich." Der dies im Gespräch sagt, ist ein evangelischer Pfarrer, der im Jahre 1914 geboren wurde.

Hans Otto W. ist der Sohn eines schon früh verstorbenen Schiffsingenieurs aus Hamburg. Seine entscheidenden Entwicklungsjahre fallen in die Zeit der Freidenkerkämpfe. Er beteiligt sich an Diskussionen und in ihnen vollzieht sich dann plötzlich die Hinwendung zum Christentum. Der Oberrealschüler muß die alten Sprachen nachlernen, um Theologie studieren zu können. In Bethel besucht er die theologische Schule. Diese Anstalt, die nur von der Liebe bestimmt ist, lehrt ihn, daß „die Vollmacht nicht aus der Debatte bezogen wird, sondern einzig aus der Existenz". Nach zwei Semestern Erlangen geht er nach Berlin. Neben der Erziehungsarbeit an einem Alumnat hört er Vorlesungen an der Hochschule der Bekennenden Kirche, die immer vor den Henkern des Dritten Reiches auf der Flucht sein muß. Dann besucht er die Vorlesungen der Hamburger Hauptpastoren und wird, nachdem er kurze Zeit vorher Vikar geworden ist, 1940 als Bausoldat eingezogen. Später kommt Hans Otto W. zur Flak und gerät 1945 in Italien in Gefangenschaft. Er übernimmt die Lagerseelsorge und hält auch theologische Vorlesungen.

Es ist kurz nach dem Zusammenbruch die Zeit des Fragens und der Suche nach dem Fundament „Christentum". Tausende drängen sich zum Gottesdienst und den Vorlesungen. Es ist nicht zu leugnen, daß der Aufbruch von damals versickert ist, „aber wir sollten die Menschen, insbesondere die Jungen, in Ruhe lassen", sagt W. der heute Jugendpfarrer ist, „ihr Schweigen ist Sammlung. Sie traten aus einem Traum und versuchen nun eine Perspektive zu gewinnen." Die Jugend kommt nicht zum Bewußtsein der eigenen inneren Freiheit, meint er. Damals war es ein System, das sie einzwängte, heute ist es die allgemeine Not. „Wir fragen nach einer Ordnung, in der der Mensch wichtig ist, die Zeit aber fragt wieder nach einem System." In Freizeiten und Sommerlagern wird den Jungen und Mädeln über gemeinsames Spielen und Singen hinaus durch das Wort Gottes das Bewußtsein nahegebracht, Glieder der Gottesgemeinschaft zu sein. Die einfache Besprechung der Zehn Gebote hat schon vielen mehr über die Schuldfrage gesagt, als pathetische Proklamationen.

Das „Mittendrinstehen" im Gespräch, der Jugend, als Vorbild und auch bei Sport und Spiel scheint das Gemeinsame der jungen Seelsorger beider Konfesssionen zu sein. Der vierunddreißigjährige Kaplan P. ist als katholischer Jugendpfarrer seinen Jungen nicht nur ein liebevoller Führer auf dem Wege in die Wesensgemeinschaft der Kirche, sondern auch ein Kamerad auf dem Sportplatz. Er erzählt mit Lächeln vom Erstaunen der Teilnehmer an einer Tagung in Vlotho, „daß er so mit dem Handball umgehen könne". „Ich finde, daß viel zuviel am grünen Tisch über das gesprochen wird, was die Jugend suche", sagt er. Alle Heimkehrer seien damals nach der Kapitulation sehr aufgeschlossen gewesen, dann wäre aber eine gewisse Krise eingetreten. Diejenigen, die gut durch den Krieg gekommen seien, hätten sich mehr für organisatorische Fragen interessiert; die aber im Kriege gelitten hatten, fragten nach dem, was ihnen am nächsten stand – nach Ehe und Familie. Jetzt, nach zwei Jahren, hat sich vieles gewandelt, jetzt bewegt sie die Frage des Menschen vor Gott. „Der Wille der Jugend zur Gemeinschaft ist keinesfalls erschöpft. Sie wollen teilhaben an der Kirche als Leib Christi, wie sie Papst Pius XII. in seinem Weltrundschreiben vom 29. Juli 1943 charakterisiert hat. Ihre Form des kirchlichen Lebens ist die Gemeinschaftsmesse." Der Bekenntnistag der deutschen katholischen Jugend 1947, der unter dem Bibelwort steht „Ihr sollt mir Zeugen sein", ist dafür ein treffendes Beispiel.

Das Ziel dieser Jugendseelsorge, wie Kaplan P. sie auffaßt, ist die Einbeziehung des ganzen Lebens der jungen Christen in die Verantwortung vor Gott und das Apostolat jedes einzelnen in seiner Umwelt nach dem Wort Pius XI. „Der erste Apostel des Arbeiters ist der Arbeiter." Während des Krieges war der Kaplan, der in Hannover geboren wurde und in Münster studiert hat, Seelsorger für sieben Lazarette. „Es ist eine schwere Aufgabe an jedem einzelnen", sagt er von der Jugendseelsorge.

„Mit katholischen Kameraden zusammen bauten wir unsere Lagerkirche in Dachau", berichtet der fünfundzwanzigjährige Siegfried L. 1940 war der junge Königsberger zur Luftwaffe eingezogen worden. 1944 wurde er zwangsweise zur Waffen-SS versetzt. So war er bald nach Kriegsende in das Lager Dachau gekommen. Siegfried L. war schon als knapp Zwölfjähriger zum Christlichen Verein Junger Männer gestoßen. Die Unzulänglichkeit seines Elternhauses hatte den Knaben nachdenklich gestimmt, vielleicht waren auch zunächst Spiel und Wandern die Anziehungspunkte für ihn. 1934 wurde der CVJM in Königsberg in die HJ übergeführt, die Jungen setzten aber ihre Arbeit als „Evangelischer Jugenddienst" fort, bis ihnen Sport und Wandern verboten wurden und die Bibelstunden und Freizeiten von der Gestapo genehmigt werden mußten. So war der Kreis der Kameraden von 120 langsam auf knapp zehn zusammengeschmolzen. 1935 wurde ihr Heim an der Ostsee von der Gestapo umstellt und das Lager aufgelöst. Die Jungen wurden aus der HJ ausgeschlossen und überwacht. „Aber gerade in dieser Zeit stärkten wir uns in vielen Evangelisationen, die von

Pfarrern und Laien gehalten wurden“, sagt Siegfried. „Daß mich der Glaube und die Gemeinschaft mit Christus zu einem freien Menschen und immun gegen den Druck des Staates gemacht hatten, empfand ich als ein Geschenk.“

Als Siebzehnjähriger hatte Siegfried L. wieder eine Jugendgruppe gebildet, in der das Christentum nicht als Dogma, sondern als lebendige Wahrheit gepflegt wurde. Diese missionarische Arbeit setzte er auch bei der Wehrmacht fort, was ihm Feindschaft, aber auch Zustimmung eintrug. „Nur bei der SS fand ich keine Kameraden mehr“, erzählt er. Im Gefangenenlager Dachau fing es wieder an, daß dieser und jener nach einem Testament als Kraftquell fragte. Siegfried unterstützte die beiden Lagerpfarrer, die als Volksdeutsche gleich ihm zum Dienst gepreßt worden waren, in der Seelsorge für die fünfzehntausend Insassen des Lagers, die zumeist im Geiste der HJ erzogen waren und selten eine Beziehung zur Kirche besaßen. Dennoch sei manches Samenkorn, das im Lager gesät wurde, auf guten Boden gefallen, was ihm auch heute durch Briefe immer wieder bestätigt werde.

Sein Glaube an die Güte Gottes hätte ihn nicht betrogen, berichtet er weiter, denn er fand die Mutter und die Geschwister, die Königsberg noch verlassen konnten, wieder, ebenso wie seine Braut, die nun seine Frau wurde. Er möchte auch in seine Arbeit im CVJM zurückkehren, um vor anderen jungen Menschen für Gott zu zeugen, aber es sei im Norden schwerer, Kontakt zu gewinnen, als im Osten, es fehle der Begriff der Bruderschaft.

„Es ist keine Äußerlichkeit, ob ein Pfarrer den ‚Bruder‘ neben sich weiß oder den ‚Herrn Kollegen‘. Es war in Ostpreußen eine andere kirchliche Situation als im Norden und Westen“, meint auch der heute fünfunddreißigjährige Pastor Horst B., der aus Allenstein stammt. Als er sich 1934 zum Examen in Königsberg gemeldet hatte, übernahmen gerade die nazistischen deutschen Christen das Kirchenregiment. Horst B. zog darauf seinen Antrag zurück, da er nicht unter ihrem Regiment zu arbeiten wünschte. Ehe sich noch der Bruderrat der Bekennenden Kirche gebildet hatte, legte Horst B. seine Prüfung in München vor der Bayerischen Evangelischen Kirche ab. „Ich habe nie von der Kirche Gehalt bekommen“, sagt er. Es gab keine Papier über ihn in Ostpreußen und er konnte sich so selbst einen Pfarrer der Bekennenden Kirche wählen, bei dem er als Vikar eintrat.

Über Tübingen kam der junge Vikar als Reisesekretär des DCSV (Deutscher Christlicher Studenten-Verein) nach Berlin. Zu seinem zweiten theologischen Examen wurde er vom Bruderrat telegrafisch nach Königsberg gerufen. Er fand in seiner Wohnung einen Zettel mit einem Treffpunkt vor, von dem aus mit der Kleinbahn ein Dorf erreicht wurde, in dessen Pfarrhaus die Klausuren geschrieben wurden. Nachdem der DCSV 1938 verboten worden war, übernahm Horst B. die Geschäftsführung des Studentenamtes beim Rat der Bekennenden Kirche der Altpreußischen Union. Sämtliche Mitglieder des Rats unterlagen der Beobachtung durch die Gestapo. Als auch Horst B. die ersten Gänge zum Polizeipräsidium machen mußte, wurde er zur Wehrmacht eingezogen.

Pastor Horst B. lebt heute als Studentenpfarrer in Hamburg. Gleichzeitig ist er Generalsekretär der evangelischen Studentengemeinde in Deutschland. Diese Studentengemeinden sind an vielen deutschen Hochschulen stark Kristallisationspunkte einer neuen Gemeinschaftsbildung, zumal die Studenten vielfach politischen Bestrebungen dieser Art mit Mißtrauen begegnen. In Tübingen und Göttingen sind es an die 600 Studenten, die mit wachsender Bereitwilligkeit auf das hören, was die Kirche zu sagen hat, die um Klarheit über Gott ringen und an der Kirche nützliche Kritik üben. Was sie und die jungen Theologen fordern, ist eine verständliche Sprache der Pastoren und die Herstellung der Beziehung zwischen Bibeltext und Zeit. „Im Bereich der akademischen Jugend ist die Einstellung zur Kirche wohl positiver als sonst allgemein unter den Jungen“, sagt Pastor B. „aber man sollte nicht so viel darüber reden, sondern einfach arbeiten.“

„Arbeiten, für die Seelen sorgen und – ja, manchmal ist es noch wichtiger, erst mal für ein Bett zu sorgen.“ So spricht der dreiunddreißigjährige Kaplan Str. von seiner Arbeit als Hilfsprediger einer katholischen Gemeinde. Von seiner untersetzten Gestalt und dem energischen Gesicht geht eine starke Kraft aus, eine Kraft der Seele und des Körpers, der er gleicherweise für seinen großen Pflichtenkreis bedarf. Er ist als Seelsorger und Religionslehrer, als Kranken- und Familienfürsorger und in der „Caritas“-Arbeit tätig. Er bemüht sich, die Jugendgottesdienste jugendlich zu gestalten und leitet einen Kinderchor. „Es ist nicht wichtig, daß die jungen Menschen an uns hängen, es ist aber wichtig, sie so zu durchdringen, daß die Gestaltung des ganzen Lebens, des Berufs, der Ehe und der Politik vom Geiste Jesu Christi, der in seiner Kirche lebt, her erfolgt. Wir sind jedoch weit entfernt von einem politischen Machtanspruch der Kirche.“

Die jungen Theologen, die heute in den Kirchen wirken, haben nach 1933 ihr Studium begonnen, also in einer Zeit, als sie wußten, daß ihrer eine harte Aufgabe wartete. Sie bezogen eine Stellung gegen den Antichrist, der vom nationalsozialistischen Staat verkörpert wurde. Sie ergriffen keinen „Beruf“, sondern folgten einer Berufung, der Kampf, in dem sie aufwuchsen, war für sie Bewährung und Gnade Gottes.

Für diese jungen Seelsorger gilt das Pauluswort, das einer von ihnen aussprach: „Es ist ein köstlich Ding, daß das Herz fest werde, welches geschieht durch Gnade.“

Auf die Füße gefallen ...

Von H. Hermann

Der Junge im ölverschmierten Anzug wischt sich die Finger an einem schmutzstarrenden Lappen ab. Der mit der blonden Tolle schmiert inzwischen die Brote.

„Wir haben mal einen mitgenommen", sagt er, „der hat dann unterwegs ein paar Kisten aus dem Wagen geworfen und ist abgesprungen."

„Nee", sagt der Boß im blauen Anzug, „wir nehmen keinen mehr mit. Seid selber dran schuld. Bedankt euch bei dem mit den Kisten."

Der Ölverschmierte beißt in eine dicke Stulle.

„Aber setz dich mal ran hier. Mitessen darfst du."

Ich setzte mich an den Tisch; die anderen – es sind fünf Jungens – rücken zusammen. Es scheint wahrhaftig, als wollten sie mich nicht mitnehmen nach Hamburg. Dabei ist der Wagen aus Schleswig-Holstein.

„Da, greif zu!" sagte der Dicke und schiebt Brot und Wurst auf einem Stück Zeitungspapier zu mir herüber. „Vor drei Monaten ging es mir auch so wie dir. Da saß ich bei Heilbronn an der Landstraße. Zwanzig Lastzüge hatten nicht gehalten. Und dann stand der hier plötzlich da und hatte Panne. Peter wollte eigentlich nicht, aber dann haben sie mich doch mitgenommen. Und dann bin ich gleich dabeigeblieben. Als Beifahrer."

Er kaut, daß man es hört.

„Ich bin von den Amis entlassen worden. Schlesier. Zuhause gibt es nicht mehr ... Zwei Mark hatte ich damals noch."

Peter, das ist der mit dem ölverschmierten Anzug. Er ist der Fahrer. Der Boß heißt Henry und ist Achtundzwanzig. Aber Peter, der Fahrer, ist der, mit dem ich verhandeln muß, wenn ich mit will. Der Boß hat nur das „Geschäftliche".

„Gib mal deine Papiere her!" sagt Peter. Ich reiche meine Zelluloidhülle mit der Kennkarte und dem Entlassungsschein.

„Wo kommst du her?" fragt er dann.

„Aus der russischen Zone", sage ich. „Schwarz?" „Ja, bei Bebra! Iwan hat mich erwischt und hat mir alles abgenommen, Geld, Uhr, Gepäck, Verpflegung. Nur die Decke im Rucksack hat er mir gelassen. Und ich muß doch irgendwie nach Hamburg kommen. Da wohne ich."

„Das gibt's doch gar nicht mehr", sagt jetzt der mit der Tolle, der bis jetzt geschwiegen hat. „Das ist doch verboten beim Iwan."

„Verboten? ... Der Posten hat eben sein Privatgeschäft gemacht. Wenn er sich nicht erwischen läßt ..."

„Ach, Quatsch, erzähle doch keine Märchen! Die Disziplin bei der Roten Armee ist streng." Der mit der Tolle winkt ab. „Das sind doch alles Greuelmärchen."

Peter wischt die Einwände mit einer großen Handbewegung weg. Er schiebt mir die Wurst zu und das Brot. „Auf jeden Fall: du hast nichts mehr zu essen und kein Geld und willst nach Hamburg. Schön. Die Papiere behalte ich, damit du nicht ausbüxt. In Hamburg bekommst du sie dann wieder. Einverstanden?"

Also doch mitfahren. Ich atme auf.

„Was hast du denn drüben gewollt?" fragt der Kleinste, der bis jetzt nur eine Stulle nach der anderen verdrückt hat.

„Oooch, erstens habe ich Verwandte drüben und dann – – Neugierde ... verstehst du?"

Der Kleine nickt. Der mit der Tolle fängt wieder an.

„Ja, und dann Greuelmeldungen verbreiten, nicht

wahr? – Das kennen wir. Drüben ist es doch besser als hier. Oder nicht?“

„Besser? Anders ist es halt. Aber besser ...? Die haben auch nichts zu essen drüben.“

„Na, ich habe aber neulich in der Zeitung gelesen, was sie dort drüben bekommen. Die Russen denken schon an die schaffenden Werktätigen. Die lassen sie nicht hungern.“

Peter gefällt das Thema nicht. Er will ablenken. „Weißt du, wie der Boß und ich angefangen haben?“

Der Boß schiebt sich ran.

„Ja, weißt du, das war so. Ich kam aus der Gefangenschaft zurück. Sechs Jahre Soldat und dann Stacheldraht. Ich hatte die Schnauze voll. Arbeiten? Wo denn ...? Mein Vater hatte das Fuhrgeschäft. Beim Volkssturm ist er dann noch gefallen. Die Lastzüge waren beschlagnahmt bis auf einen. Der eine war kaputt. Keine Ersatzteile. Nichts zu bekommen. Geld war auch nicht da. Ich habe Kaufmann gelernt. Kaufleute gibt es wie Sand am Meer heute. Und nichts zu kaufen. Da war ein UNRRA-Lager in der Nähe. Einen lernte ich kennen, einen Letten. Von dem bekam ich Zigaretten. Die habe ich verkauft. Und dann Kaffee und dann ... So ging es weiter. Schwarzmarkt. Ich brauchte Geld, um mir Ersatzteile für den Lastzug zu besorgen. Denn ich wollte doch wieder anfangen.

Und eines Tages traf ich in Hamburg auf der Bremer Reihe den da ...“

Er zeigt auf Peter.

Peter grinst. „Ich hatte damals Feuersteine. Und Feuerzeuge, die hatte ich selber gemacht. Ich bin nämlich Mechaniker. Und weil ich doch Mechaniker bin, da interessierte mich der Wagen. Ich bin mitgefahren am nächsten Tage und habe mir das Schiff angesehen. Der Motor war hin. Und das Getriebe war auch hin. Aber ich kannte einen, der hatte Beziehungen zu einem Lager, wo ausgeschlachtete Wehrmachtfahrzeuge lagen. Da habe ich für Zigaretten alles besorgt, was wir brauchten."

Der Boß zieht sein Zigarettenetui aus dem blauen Zweireiher und sagt: „Peter ist gleich bei mir geblieben. Bei meiner Mutter haben wir gewohnt und den Lastzug fertig gemacht. Mit der Lizenz, das hat lange gedauert. Aber eines Tages hatte ich die auch. Und dann hat Willi eine Erbschaft gemacht." Willi ist draußen beim Wagen geblieben. Er hat Wache. „Willi kannte ich von der Schule. Er ist Flugzeugbauer gewesen. Keine Konjunktur mehr. Willi hat das Geld in das Geschäft gesteckt. Und dann sind wir zu dreien losgefahren. Ziemlich anstrengend. Bei Heilbronn haben wir den Dicken aufgelesen. Der Dicke war mal Reklamezeichner. Aber damals war er total abgebrannt. Früher hatte er mal einen eigenen Wagen. So einen Sportzweisitzer ... Er hat uns beim Reifenwechsel geholfen und wollte dafür mitgenommen werden. Peter wollte erst nicht."

„Der Kerl sah mir zu vollgefressen aus ..." will Peter sich entschuldigen. „Aber dann dachte ich daran, daß wir einen starken Mann brauchen könnten. Da haben wir ihn mitgenommen. Jetzt muß er Kisten stemmen. Und beim Fahren muß er mich auch ablösen."

„Erst paßte es mir gar nicht, so einen großen Dampfer zu bugsieren. Ich war immer die kleine Nuckelpinne gewohnt gewesen. Aber nachdem ich zweimal eine Toreinfahrt mitgenommen habe, ging es."

Gerade ist Willi hereingekommen. Er winkt dem mit der Tolle. „Los, raus, ablösen."

Der sieht auf die Uhr. „Is gut", sagt er und geht nach draußen.

„Der Franz ist auf ein Inserat gekommen. Erst hatten wir was gegen seine Tolle. Die Brüder vom Swing wollen wir nicht haben. Aber dann haben wir ihn doch genommen. Er ist der beste Kamerad von der Welt. Früher Minensuch. Daher die Tolle. Nichts gelernt, Mittelschule,

Arbeitsdienst, Krieg. EK.I und so'n Klimbim. Als es aus war, ist er nach Hause getippelt. Haus kaputt. Eltern weg, die waren evakuiert nach Ostpreußen zu Verwandten. Futsch. Dann hat er Trümmer geräumt. Minensuch bei der GMSA wollte er nicht. Er ist nämlich Kommunist."

Es wird dunkel draußen.

Peter sagt: „In einer Stunde fahren wir. Ich schlafe noch eine Runde."

Er legt den Kopf auf die Bank. Der Boß studiert Frachtscheine und rechnet in sein Buch hinein. Der Dicke malt Männerchen auf das Zeitungspapier, in das einmal Brot Wurst eingewickelt waren. Und dann malt er schöne große Reklamebuchstaben auf den Druckrand.

„Eines Tages werde ich mal wieder ein Reklameatelier aufmachen ... Das wird auch mal wieder gebraucht. Und dann kaufe ich mir wieder einen Sportwagen. Mit roten Kotflügeln. Wenn ich mein Lebtag so'ne Elefanten steuern müßte ..." Er sieht liebevoll nach dem Riesenbüssing ...

Nicht alle, die als Treibholz in den großen Strom des Schicksalsablaufes geschleudert wurden, treiben weiterhin im Strudelwasser, sinnlos und hoffnungslos den Lokkungen und Verzweiflungen des Abenteuers, des Kriminellen und „Halbstarken", des Schwarzen Marktes und der Bahnhofsbunker preisgegeben. Gewiß war der Prozentsatz hoch, der zuerst, einer Not und den noch wachen Abenteuerinstinkten gehorchend, sich dem Schwarzhandel in die Arme warf, und es sind erschütternd viele, die den Weg zurück nicht gefunden haben. Aber ebenso viele haben den leichten Gewinn des Abenteuerlichen als Notbrücke zu einer neuen Existenz genutzt, die ihnen ehrliche Arbeit und ehrlichen Gewinn bringt. Es ist natürlich nicht so, wie es einer der Jungen einmal – apodiktisch – zu formulieren versuchte: „Mir ist einer, der aus Hunger klauen geht, immer noch lieber als einer, der bettelt; denn dann ist er immer noch aktiv um Abhilfe seiner Not bemüht ..." Aber gerade in dieser Formulierung liegt ein Kern, der das Wahre schon trifft: die Frage des aktiven Anpackens.

Viele haben gelernt, daß esnicht die soziale Stellung ist, die ausschlaggebend ist bei der Ausübung eines Berufes, sondern, daß man überhaupt einen anständigen „job" hat, wie es der darin viel fortschrittlichere Yankee nennt. Und nun haben sie diese „jobs", als Beifahrer beim Überlandtransporter, als Jeepdriver in Frankfurt, als Landarbeiter in Holstein oder Braunschweig. Da ist der junge Hauptmann und Abteilungskommandeur, der eigentlich Forstwissenschaft studieren wollte; heute ist er Gärtnerbursche bei Braunschweig. Da ist der ehemalige Sportlehrer aus dem Wartheland; heute ist er Siedler in Holstein. Da ist der ehemalige Diplomingenieur; heute schmiert er Autos in einer Reparaturwerkstatt ab. Sie haben heute ihre „jobs", ihre anständige Arbeit, auf die sie früher einmal herabschauten. Alle haben sie auch einmal, als sie vor dem Nichts standen, Zigaretten verkauft auf dem Schwarzen Markt oder Feuersteine oder Bohnenkaffee oder Seidenstrümpfe aus Chemnitz. Sie haben wieder zurückgefunden, nicht in die alte abgebrochene und aussichtslos gewordene Bahn, sondern auf einen Weg, der sie weiterführt bis ... ja, bis sich neue, bessere Möglichkeiten finden werden. Vielleicht sind sie ein wenig „Opportunisten" geworden, aber dann nur dort, wo es heißt, die äußeren Lebensumstände anzufassen. Politisch sind sie das Gegenteil: kritisch, mißtrauisch und skeptisch. Sie wollen sehen, wie sich eine Sache anläßt, auf Worte und Versprechungen geben sie nichts.

Junge Bauern mit und ohne Land

von Johannes Tominski

Junge Handwerker, Künstler, Beamte – sie alle haben heute unter der Vergangenheit zu leiden und müssen mühselig schaffen, um sich eine bescheidene Zukunft aufzubauen. Sie alle hungern und sind gezwungen, sich mit den großen und kleinen Nöten unserer Zeit herumzuschlagen. Wenn aber heute von jungen Bauern gesprochen wird, die gerade in dieser Notzeit ein Großteil Verantwortung tragen, dann glaubt mancher oberflächliche Beobachter, diese jungen Menschen mit einem geringschätzigen „die haben ja alles, was sie brauchen" abtun zu können. Die meisten Städter vergessen dabei leicht, wie schwer der Bauer täglich arbeiten muß, um die Ernährung zu sichern. Nur wenige erkennen unter der eigenen Belastung, daß auch am Bauern die Zeit nicht spurlos vorübergegangen ist, daß auch für ihn neue Probleme entstanden, wie die Frage des Wohnraums, die der Auswanderung, der Bodenreform und nicht zuletzt der Flüchtlinge …

Im März 1945 trieben sie ihn vom Hof. Bis zuletzt hatte er unermüdlich geschuftet. Von 5 Uhr morgens bis spät in den Abend hinein. 150 Morgen, 6 Kühe, 3 Pferde – alles mußte versorgt werden. Der Vater, die anderen Knechte waren längst eingezogen, schlugen sich irgendwo an der Front herum. Mit seiner Mutter und einigen Frauensleuten hatte er den Hof hochgehalten. Gerade siebzehn Jahre alt war er damals gewesen. Bis zuletzt hatte er gearbeitet für den Hof, der ihm einmal gehören sollte. Dann näherte sich die Front, dann kamen die Fremden und trieben ihn aus dem Stall, wo er gerade die Kühe melkte ... Mit den wenigen Habseligkeiten bepackt, gelangte Günter R. nach harten Wochen der Flucht, die der Mutter das Leben kosteten, in ein kleines Dorf. Ein Bauer nahm ihn auf; er konnte wieder arbeiten.

Heute, nach zwei Jahren, ist Günter sehr einsam und verstockt geworden. Der Bauer behandelt ihn schlecht. „Er kann mich nicht verstehen, denn er hat ja alles, kennt keine Not, ja hat noch nie ein zerstörtes Haus gesehen. Ich bin eben nur Knecht, aber kein Mensch für ihn ..." Günter ist mit Leib und Seele Bauer. Er liebt die Landarbeit, liebt die Tiere, aber, sagt er, „wofür arbeite ich noch? Ewig Knecht bleiben – nein das kann ich nicht! Ich will selbst mein eigner Herr werden! Am liebsten ginge ich zurück nach Pommern!" Ja, zurück! Er haßt weder alle Russen, noch alle Polen, aber die, die ihn damals weggetrieben haben, die jetzt in seinem Dorf, auf seinem Hof sitzen ... Er droht mit der Faust. Jederzeit würde er mit der Sense losziehen, wenn er sein Dorf wieder befreien könnte! „Sollen sie bloß wieder anfangen mit Krieg, ich wäre der erste, der mitginge, um Pommern, um unseren Hof wieder zurückzubekommen, ... den Hof, der mir ja mal gehören sollte ..."

Als die Russen immer näher kamen, hatte Ernst K., der bei einem Bauern in Schlesien lernte, keine Lust mehr, „sich abzuschinden". Er kniff aus und meldete sich in der nahen Stadt beim Volkssturm. Dort gab's ein herrliches Leben. Keine Arbeit – aber Zigaretten, Schnaps und eine Uniform. Beim ersten Angriff der Russen ging er auf und davon und schlug sich nach Schleswig-Holstein durch. Er stromerte durch die Gegend. Ab und zu arbeitete er bei Bauern. 14 Tage hier, 14 Tage dort. Aber die meisten waren ihm „zu stur".

„Wenn man mal ein paar Eier mitnimmt und sie in der Stadt umsetzt für Zigaretten, machen sie gleich großes Tamtam!" Ernst hat das Aussehen eines typischen Bauernburschen: mittelgroß, kräftig. Er kann zupacken; aber weshalb? Er macht gerade das, was der Bauer sagt, und damit basta. Wenn's ihm nicht mehr paßt, geht er eben zum nächsten Hof. Jetzt bei der Ernte können sie ja überall „Leute vom Fach" gebrauchen. Abends vergnügt er sich beim Tanz, oder er hat sich „seine" Städter bestellt, die er „versorgt", natürlich für das „Entsprechende". Vorläufig will Ernst Bauer bleiben, denn Essen und Unterkunft sind augenblicklich das Wichtigste. Später geht er bestimmt in die Stadt, „da ist es doch schöner als hier auf dem Mist ..."

„Mir haben sie bei der Wehrmacht immer von Siedlungen im Osten, vom eigenen Hof und so erzählt", meint der 22jährige Kurt M. aus Hunden, „aber ich fühle mich hier bei meinem Bauern wohl. Ich bin zufrieden, daß ich endlich wieder in meinem Dorf bin." Hier ist er zu Hause, hat seine Stellung als Knecht, seine Stube. Er kennt alle, hat sein Mädel – mehr will er nicht. Einen eigenen Hof? Nein, den braucht er nicht, den würde er nicht einmal geschenkt nehmen. Aber er weiß, was er als Knecht leisten kann. Mit ihm sollte mal einer um die Wette mähen! Er kann in seinem Dorf arbeiten, hat sein Auskommen, will es gar nicht anders haben ...

Heinz L. ist eigentlich Maschinenschlosser. Nach der Entlassung aus der Kriegsgefangenschaft wußte er nicht, was er beginnen sollte. Er ging aufs Land, half bei der Ernte. Da er fleißig und zuverlässig war, behielt sein Bauer ihn als Knecht. Die Landarbeit macht ihm Freude. „Auf jeden Fall besser und gesünder, als den ganzen Tag in der dreckigen Werkstatt herumstehen. Wenn bloß diese verdammten großen Bauern nicht wären", klagt er,

„ich bin jetzt 25 Jahre alt, möchte gern heiraten, aber als Knecht reicht es nicht dazu! Sollten sie hier bei uns doch auch endlich die Bodenreform durchführen wie im Osten. Wenn ich nur ein kleines Land hätte und ein paar Viecher, dann würde ich es schon schaffen, aber diese verdammten Großgrundbesitzer, die nichts abgeben wollen ..."

In Hülsdorf, einem kleinen Dorf im Sachsenwald, ist Heinrich T. aufgewachsen. Sein Vater hat einen großen Bauernhof. Ein Jahr lang war Heinrich Soldat, dann kam die Kapitulation, und er konnte nach Hause. Alles war heil, war so wie früher. Nur eins nicht. Es waren Flüchtlinge gekommen. Man hatte zusammenrücken müssen. Heinrich schimpft auf die Eindringlinge. „Alles wollen sie haben, wollen am liebsten die Herren spielen. Wir müssen ihnen noch von unserem Vieh abgeben, wo wir doch selbst so wenig haben! Ja, und dann kommen noch die Städter und betteln und hamstern. Sollen die Stadtleute doch auch mal merken, wie nötig sie uns brauchen. Wir haben es jetzt bestimmt nicht leicht, wir Bauern ..."

„Auswandern, bloß raus aus Deutschland" – das ist das Ziel der jungen Bauern Klaus E. und Hans A. Klaus ist der jüngste Sohn eines Bauern in Schleswig-Holstein. Er ist durch und durch Landmann. Auch die Wehrmachtszeit, in der er in vielen anderen Ländern war, fremde Städte, andere Menschen und Sitten kennenlernte, hat seine Liebe zur Landwirtschaft nicht vermindern können. Aber nun heiratet sein ältester Bruder und bekommt den Hof. Und Klaus? In Deutschland gibt es für ihn bei der heutigen Übervölkerung keine Möglichkeit, einen eigenen Hof zu bekommen. Was soll er also noch hier? Vielleicht kann er irgendwo in Übersee als Farmer sein Glück machen. Nur raus aus Deutschland ...'

Und der 21jährige Hans A. – er stammt aus Ostpreußen – will unter keinen Umständen Knecht bleiben. Er hat als

Soldat erkannt, wie schön das Leben ohne schwere Arbeit ist, wie herrlich und frei man in der Stadt leben kann. Hans hat keine Lust mehr, „sich die Groschen aus der Erde zu pulen!" Wenn der Hunger nicht wäre, wäre er schon längst in der Stadt. Und dann will er raus aus Deutschland. Am liebsten nach Amerika. „Schlechter als hier kann es ja nirgends sein ..."

Fünf Jahre Oberschule bis zur mittleren Reife, KLV-Lager-Einsatz und dann Wehrmacht – das war die „Ausbildung", die der 22jährige K. G. genossen hat. Nach der Kapitulation galt es für ihn, in eine geordnete Berufsausbildung zu kommen. Er ging zu einem Bauern in die Lehre. Nach zweijähriger Praxis, verbunden mit Berufsschulausbildung, machte er die Landarbeiterprüfung. Im nächsten Winter will er die Landwirtschaftsschule besuchen. „Sehen Sie", stellt Karl, der ein echter „Bur" geworden ist, fest, „viele wissen gar nicht, daß es auch für Jungbauern aussichtsreiche Laufbahnen gibt. Nach der Landwirtschaftsschule und weiterer Praxis lege ich die Landwirtschaftsprüfung (Gehilfenprüfung) ab und kann dann noch die höhere Landwirtschaftsschule besuchen. Danach bietet sich mir Gelegenheit, als Beamter, Verwalter, Wirtschaftler usw. eine leitende Stellung zu bekleiden. Es ist sogar geplant, für die Jungbauern eine Meisterprüfung einzuführen. Vor allem habe ich immer eine feste Berufsausbildung hinter mir."

Der große Hof in Harmstorf (Kreis Harburg) wird einst dem jetzt 22jährigen Otto B. gehören. Von früh bis spät arbeitet er mit den anderen auf dem Felde. Dabei fällt es ihm nicht leicht, Anordnungen an ehemals selbständige Bauern aus dem Osten zu geben, die jetzt Knechte sind. Aber es hilft nichts. Einer muß befehlen, sonst kann nicht geschafft werden. „Überhaupt wird bei uns nicht viel geredet, sondern gearbeitet. Das sollten sich die Herren Politiker auch mal angewöhnen!" Otto B. will den Hof seines Vaters gern übernehmen, aber er ist gegen jede Aufteilung. „Dann wird aus Ganzem doch nur Halbes", meint er, „und Halbes bringt nicht soviel wie Ganzes. Wichtig ist es doch jetzt vor allem, daß wir möglichst viel abliefern, denn ich weiß, was hungern heißt!" Er lehnt auch jede Kollektivwirtschaft ab. „Ja, Bauer sein", sagt er nachdenklich, „das setzen die meisten Leute heute gleich satt sein, gut und sorglos leben. Aber daß gerade wir jungen Bauern in der Gegenwart mit neuen Problemen fertig werden und täglich schwer arbeiten müssen, daran denken nur wenige ..."

Der Andrang junger Menschen, die eine landwirtschaftliche Lehre durchlaufen wollen, ist zur Zeit noch groß. Bedingt wird er durch die vielen Ostflüchtlinge, Heimkehrer, Berufslosen und vor allem durch die ernährungsmäßigen Aussichten, die sich für die jungen Menschen auf dem Lande auch künftig bieten. Es erhebt sich nun die Frage, ob es für die Jungbauern Lebensmöglichkeiten geben wird. Gesichert sind nur Bauernsöhne, die einen eigenen Hof übernehmen können. Sonst ist die Lage ziemlich ernst. Die Höfe sind durch die lange Kriegsdauer vernachlässigt, es wird in der Zukunft wahrscheinlich keine Schutzzölle für die Landwirtschaft geben, sie wird damit sicher vom Ausland abhängig bleiben. Das größte Problem ist allerdings die Raumfrage. Durch eine Bodenreform könnte sie etwas gebessert werden, aber es würde immer noch nicht genug Land da sein, um den jungen Bauern Existenzmöglichkeiten zu schaffen. Wie sollen diese Fragen gelöst werden? Rückgabe der Ostgebiete? Auswanderung?

Sehr gesucht sind heute gelernte Landarbeiter, die eine Landarbeits- oder Landwirtschaftsprüfung abgelegt haben. Für sie gibt es viele Aussichten, besonders in Spezialgebieten, wie Schweizer, Meierist, Pflanzenzüchter usw. Eine große Gefahr dagegen bilden die vielen ungelernten

Jugendlichen auf dem Lande. Ziel der verantwortlichen Stellen ist es, diese jungen Menschen einer geregelten Berufsausbildung zuzuführen.

Häufig ist man der Ansicht, daß man Bauer „so nebenbei“ werden könne. Tatsache ist, daß nur eine geordnete Lehr- und Ausbildungszeit die Voraussetzung für eine fortschrittliche und ertragreiche Landbewirtschaftung schafft.

Der, ach, so mühselige Weg zur Bühne

Von Heilwig von der Mehden

Am Tage nach der Premiere sitzt sie in ihrem schrägen kleinen Zimmer auf dem Bett und schreibt. Am Fenster baumeln nasse Strümpfe, und im Waschbecken liegen aneinandergepreßt drei Blumensträuße, die viel zu vornehm für das Dachzimmer erscheinen. Einer vom Theater, einer von Martin – wo er den wohl aufgetrieben hat? – und der dritte, das ist der wichtigste, obwohl man nicht weiß, woher er kommt: es ist der erste Blumenstrauß, den – wie sagt man doch so schön? – ein „Bewunderer ihrer Kunst" schenkte. Sie schreibt: „... Gestern, als ich zum erstenmal das Gretchen spielte, habe ich hinterher in der Garderobe gesessen und geheult. Die anderen standen um mich herum und sagten, ich sei vollkommen übergeschnappt. Das war ich auch wohl. Aber plötzlich kam alles wieder hoch: die Schauspielschule, wo ich beinahe durchgefallen wäre, das jahrelange Briefhereinbringen und Tischabräumen, das Fronttheater, wo man sich allabendlich in Grund und Boden schämte für den Mist, den man verzapfen mußte, dann die Zeit bei der Flak, als ich ganz aus dem Beruf kam, und dann zwei Jahre wieder Seufzer herunterschlucken und ‚dritte Dame' sein. Aber jetzt, stell dir bloß vor: ich habe das Gretchen gespielt ..."

Am Wohnungsamt hat man den beiden jungen Männern gesagt, daß sie keine Zuzugsgenehmigung bekommen. Sie haben sich nicht so leicht abweisen lassen und es immer wieder versucht. „Zuzugsgenehmigung für Schauspielschüler?" der Beamte lächelt mitleidig herablassend,

„wo noch nicht mal wirklich wichtige Berufe Zuzugsgenehmigung kriegen." „Ja, aber wir haben zu Hause keine Möglichkeit, Unterricht zu nehmen!" „Dann werden Sie eben was anderes ..."

„Was anderes werden" gibt es für die beiden nicht. Sie müssen Schauspieler werden. Kein Schauspieler gibt zu, daß es für ihn auch andere Möglichkeiten gäbe. Und so unpraktisch sie aussehen, sie erreichen auch ohne Zuzugsgenehmigung, was sie wollen; aber sie zahlen für eine Art Abstellraum mit zwei Betten übereinander ein Sündengeld. Zwar müssen sie sich ihre Lebensmittelmarken von zu Hause schicken lassen, doch allabendlich hallt der Abstellraum wider von Übungen: „Barbara saß nah am Abhang."

Man hat ja auch einen Zuschuß von zu Hause wie die meisten anderen Kollegen von der Schule. Für die, die sich ihren Lebensunterhalt selbst verdienen, ist die Sache schon schwieriger. Stundengeben, Büroarbeit, nebenbei noch die Arbeit für die Schule, Gymnastikstunde, Stepunterricht – und jeder Unterricht kostet Geld, der Schauspielunterricht allein zehn Mark die Stunde.

Nein, die beiden in ihrem Abstellraum können schon ganz zufrieden sein.

„Barbara saß nah am Abhang ..."

In Hamburg wurde ein Film gedreht. Man entdeckte dabei in einer Ballettschule eine Dreizehnjährige, die gleich eine Hauptrolle bekam. Das stand in vielen Zeitungen zu lesen. Niemand hört aber etwas von den Unzähligen, die für ihr Leben gern zum Film wollen und abgewiesen werden. In der Hauptsache sind es junge Mädchen, meist recht hübsche sogar, die davon träumen, sich auf der Leinwand zu betrachten und mit Grazie Autogramme zu verteilen. Sicherlich haben sie auch Talent. Schon bei den Schulfeiern mußten sie immer die Gedichte aufsagen. Nur eines wissen sie alle nicht, daß auch Filmschauspieler vor allem über eins verfügen müssen, das man bei jedem Schuster oder Arzt, bei jeder Schneiderin oder Lehrerin als selbstverständlich voraussetzt: über fachliches Können, das durch eine gründliche Ausbildung erworben wurde. Und so ziehen sie alle tief enttäuscht wieder nach Hause – und schimpfen auf den Film, der anscheinend keine jungen Talente fördern will.

150 Mark im Monat bringt etwa das erste Engagement ein. Das ist nicht viel. Trotzdem ist es nicht einmal so einfach, dieses erste Engagement zu bekommen. Immer wieder trifft man in den Studios junge Schauspielerinnen und Schauspieler, die mit ihrer Ausbildung eigentlich fertig sind, sie aber noch vervollkommnen. Das ist eine freundliche Umschreibung dafür, daß sie auf ein Engagement warten und sich die Wartezeit mit etwas Unterricht vertreiben. Außerdem darf man die Verbindung nicht abreißen lassen. Man wird bei der nächsten Vakanz an eine Bühne empfohlen, wird hinbestellt zum Vorsprechen und dann engagiert – für 150 Mark. Es ist sicherlich unmöglich, damit auszukommen: Wohnung, Nahrung, Kleidung ... Ach ja, Kleidung, nicht nur anständig, sogar elegant angezogen sein! Und das für 150 Mark. Aber man darf doch wenigstens endlich spielen.

Manche stehen das Warten nicht so lange durch, bis sie ein Engagement an einer guten Bühne finden. Sie gehen auf Tournee. Wenn ihre Kollegen dann von ihnen sprechen und beispielsweise sagen werden: „Walter ist auf Tournee“, so klingt das, wie wenn man von einem Pianisten erzählt, er sei Klavierspieler bei einem Tanz- und Anstandskursus geworden. Es bedeutet, daß sich Walter einer jener kleinen Wanderbühnen angeschlossen hat, die wie Pilze aus dem Boden schießen. Ein von einem geschäftstüchtigen Mann schnell und lieblos zusammengestelltes Ensemble, das mit einem Zugstück kleine Städte und Dörfer bespielt und selten so etwas wie künstlerischen Ehrgeiz kennt. Ein wenn auch schlecht bezahltes Engagement bei einer dieser Bühnen ist verhältnismäßig leicht zu finden. „Aber wenn man erst einmal dabei ist, kommt man schwer nachher an eine gute Bühne. Man verschlampt einfach ..." meinen Walters Freunde, die weiter Nachhilfestunden geben.

„Ich möchte mal wissen, was so ein Mensch sich eigentlich denkt. Da schreibt er, daß er eine Segeljacht sein eigen nennt, außerdem Mitte dreißig ist, blendende Aussichten hat, nach Amerika auszuwandern und fragt, ob ich Englisch kann. Dreimal sah er mich spielen, und nun kann er ohne mich nicht mehr leben."

Sie ist eine von denen, die sich schon eine gewisse Berühmtheit erspielt haben. Sie sitzt auf der Couch, läßt die nackten Beine baumeln, ißt geröstetes Maisbrot, und scheint sich ernstlich mit dem Geisteszustand des wildfremden Mannes, der da eine Segeljacht und blendende Auswanderungsmöglichkeiten nach Amerika bietet, zu beschäftigen. Es ist nicht das erste Mal, daß sie einen solchen Brief bekommen hat, aber sie hat sich noch nicht, wie viele ihrer älteren berühmteren Kollegen, daran gewöhnt, daß es Menschen gibt, die anscheinend annehmen, alle Schauspieler und vor allem Schauspielerinnen seien im Privatleben zu allen Verrücktheiten fähig und bereit. Die sich unter einer Schauspielerin ein Wesen vorstellen, das ein abenteuerliches Leben führt und außerhalb der ordentlichen bürgerlichen Welt steht, wie es vor 200 Jahren tatsächlich der Fall war, als man noch vorsorglich die Wäsche von der Leine nahm, wenn die Komödianten mit ihrem Thespiskarren die Gegend unsicher machten.

Sie hält den Brief an den Toaströster und setzt damit ihre Zigarette in Brand. „Ob ich genug Englisch kann, um mit ihm nach Amerika auszuwandern? ... Soweit kommt das noch!"

Die weißen Kalkwände der Garderobe sind mit deutschen und englischen Inschriften bemalt. Daten sind da zu lesen, Herzen mit Monogrammen, Künstlernamen. Die verschrammten und durch mancherlei Strapazen schadhaft gewordenen Kulissen werden vom Lastwagen abgeladen und nebenan im Saal aufgebaut. Mit dem gleichen Lastwagen sind auch die Schauspieler gekommen, die jetzt in der Garderobe halb ausgezogen herumstehen oder vor den Spiegelüberresten sitzen und sich zurechtmachen; Schauspieler und Schauspielerinnen durcheinander. Man hat keine Lust heute: die letzte Vorstellung des oft gespielten Stückes und dazu noch ein Gastspiel auf dem Lande. Außerdem haben einige am Abend noch etwas vor und fürchten, daß sie nicht zurechtkommen werden, obwohl man sich einig ist, die ganze Geschichte heute abend möglichst schnell abzumachen. Man zankt sich noch ein bißchen über den Vorfall von vorhin, als auf dem Lastwagen der dumme grüne Lümmel so unglaublich frech war, daß der erste Liebhaber ihn nur durch Androhung von Ohrfeigen zum Schweigen bringen konnte.

Der „grüne Lümmel“ steht mit zwei Kolleginnen zusammen, die ebenso jung sind wie er. Warum er so ausfallend wurde, er weiß es nicht mehr. Er weiß nur noch, daß ihn plötzlich alles anekelte, das Zanken auf dem Lastwagen, die verschrammten Kulissen, die schmuddeligen Kostüme, der ewige Klatsch und die Verabredung, heute abend das Stück möglichst schnell herunterzuspielen. Er dachte an die großen Worte von „Berufung“ und „künstlerischer Sendung“, die er einst in sein Tagebuch schrieb.

Ohne ein Wort darüber zu verlieren, sind die drei jungen Leute sich darüber einig, daß sie niemals so werden wollen wie die anderen, und daß dies hier ja nur ein Übergang für sie ist, sein muß.

Von vielen seiner jüngeren Kollegen wird er beneidet; er ist das, was sie werden wollen: Obgleich selbst noch jung, hat er seit Jahren einen großen Namen. Er spielt die Rollen, die sich mancher als Krönung seiner Karriere erträumt, inszeniert hin und wieder selbst, und seine Vortragsabende sind immer ausverkauft. Aber auch er hat Sorgen. Materielle beispielsweise: die Steuern, die seinem Einkommen empfindlich zusetzen. Schlimmer ist, daß man nicht weiß, wie lange man die ungeheuerlichen Strapazen durchhalten kann. „Ich habe im letzten halben Jahr hundertmal den Tasso gespielt, zwischen 43 Grad Hitze und zwei Grad Kälte." Und: „Wenn ich den Orest zwei Abende hintereinander ungefähr so gespielt habe, wie er mir als Ideal vorschwebt – am dritten Abend kann ich einfach nicht mehr." Dann der unerfüllbare Wunsch, die großen klassischen Rollen an einem großen, künstlerisch hochstehenden Theater zu spielen, einem Theater, das vor allem das Erbe der Klassik pflegte. Daß es ein solches Theater in Deutschland nicht gibt, daß die bedeutendsten deutschen Theaterereignisse die Aufführungen ausländischer, sezierender und pessimistischer Stücke im Kammerspielton sind, erscheint ihm symptomatisch für eine Zeit ohne Größe.

So teilt er, der Mann mit dem großen Namen und den hohen Einkünften, obwohl er bis zur Überanstrengung spielt, vorträgt und inszeniert, das Schicksal seiner kleinen Kollegen, die auf der Schauspielschule ihre Ausbildung vervollkommnen und auf ein Engagement warten: er ist ein Schauspieler ohne Theater, denn sein Theater, die repräsentative, klassische Bühne, gibt es nicht in Deutschland.

Die Chance eines jungen Journalisten

In einem Königreich hinter dem Regenbogen lebte ein junger Mann, der war von journalistischem Ehrgeiz besessen. Eines Tages brachte die Post ihm den Brief einer bekannten Redaktion. Darin fand er sich aufgefordert, einen Artikel zu schreiben, wobei Thema und Umfang ihm vollkommen freigestellt wurden. Gibt es eine schönere Überraschung für einen Journalisten?

Zunächst gedachte er es mit der Literatur zu versuchen, und da er dem Zeitgeist hoffnungslos unterworfen war wie wir alle, wählte er Anouilh zum Vorwurf. Jedoch alsbald erwies es sich, daß er zwar vielerlei gelesen und auf den Bühnen gesehen hatte und daß er über eine gewisse literarische Bildung verfügte – allein die Gesetze, danach die Kunstwerke der Dichtung werden, waren ihm dunkel geblieben.

Durch das Scheitern des ersten Versuches keineswegs entmutigt, vollführte der junge Mann nun einen kurzen Stellungswechsel. Er besann sich darauf, wie oft er in die Oper ging, und da er Mozart sehr schätzte, wollte er eine längere Betrachtung über die letzte Aufführung der „Zauberflöte“ schreiben. Doch auch hier wartete seiner nur bittere Enttäuschung, und schließlich mußte er erkennen, daß man gar wohl die Arien der „Zauberflöte“ samt und sonders richtig zu pfeifen vermag, ohne deswegen auch nur einen einzigen lesenswerten Satz darüber schreiben zu können.

Dem jungen Autor begann eine furchtbare Erkenntnis

zu dämmern. Allein, er wollte noch einen Versuch wagen; kräftig griff er in die Tasten seiner Maschine, und auf dem weißen Bogen zeichneten sich die Lettern: „Gedanken zur Bodenreform". Mehr als diese drei Worte erschienen auch im weiteren Verlauf nicht auf dem Papier, und das von Sachkenntnis ungetrübte Gemüt des verhinderten Journalisten trübte sich im Bewußtsein hilfloser Ohnmacht. Er spannte einen neuen Bogen ein und schrieb:

Verehrte Redaktion!

Für Ihr Vertrauen meinen besten Dank. Ich vermag jedoch die Chance, die Sie mir geboten haben, nicht zu nutzen. Ich bin ein Produkt meiner Zeit und der Vertreter einer Generation, die mit dem Fluch der Halbbildung belegt ist. Von allem weiß ich etwas, und nichts weiß ich ganz. Wenn aber ungezählte Menschen, und gar junge Menschen, meine Worte lesen sollen, dann müssen sie zureichend begründet sein, und ich habe genug nachgedacht, um fragen zu können, aber ich weiß zu wenig, um die Antwort zu geben. Ich möchte Sie also fragen: Wie denken Sie über Anouilh? Warum gehört die „Zauberflöte" der Ewigkeit, das Opernschaffen Schuberts aber der Vergessenheit an? Wie kann die Bodenreform sich auf die Ernährung auswirken? Ich bitte Sie, die Antworten zu bringen, aber stellen Sie den Autoren weder das Thema noch den Umfang ihrer Beiträge frei, sondern setzen Sie genaue Grenzen. Und ich bitte Sie vor allem, wenden Sie sich nicht an jene 10 oder 20 Leute, die man in jedem Diskussionskreis das Wort führen hört, die heute über Thornton Wilder so tiefsinnig zu reden wissen, wie morgen über die Sozialisierung der Hamburger Hochbahn. Fragen Sie jene, die in jahrelanger, stiller Arbeit Könner geworden sind und die uns eine Antwort geben können, an der wir nicht sogleich zu zweifeln brauchen. Und wenn ich noch einige Jahre gelernt habe, dann werde ich dankbar sein, wenn Sie wieder an mich denken.

Ihr ganz ergebener ...

Nachfragen beim Heuerbaas zwecklos

Von Georg Alexander Tichatschek

Es gab eine Zeit – das war 1939 – da fuhren 68 000 deutsche Seeleute friedlich auf allen Weltmeeren. Heute sind kaum mehr als 9000 Mann in der Küstenschiffahrt und der Hochseefischerei beschäftigt. Wenn man auch damit rechnen muß, daß rund 10 000 Seeleute überaltert sind, daß die ehemalige deutsche Handelsmarine 16 000 Mann Verluste hatte, so bleiben dennoch 42 000 übrig, von denen zurzeit nicht einmal ein Viertel wieder zur See fährt. Nicht ein einziger Schiffsjunge ist in den Kriegsjahren dazugekommen, nicht ein Mann Nachwuchs für die Steuermanns- oder Kapitänslaufbahn.

Viele tausend junge Männer wünschen sich heute nichts sehnlicher, als wieder einmal richtige Decksplanken unter die Füße zu bekommen. Doch wo und wie? – Was ist uns geblieben? Einige Küstenschiffe, von denen das größte, die „Söder Ham", knapp 1392 brt. groß ist. Nur 152 Fischdampfer sollen Deutschland mit Fisch versorgen. Von den 100 geplanten Fischdampfer-Neubauten kann man zurzeit noch ruhig schweigen, ebenfalls von den 75 Liberty-Schiffen, die uns voreiligerweise einmal angekündigt wurden.

„Navigare necesse est" – Seefahrt ist not! Es scheint sogar bitter not zu sein, daß man den vielen tausend jungen und alten Seeleuten wieder eine Chance gibt. Ihnen kann nur so geholfen werden, daß es einmal wieder heißt: Freie Fahrt auf allen Schiffen aller Nationen!

Henri G. war Matrose, Fischdampfermatrose. Dabei sollte er eigentlich Bäcker werden, sein Vater wollte das – „von wegen solider Backstube, immer sein Auskommen und so ..." – aber, Henri wollte damals nicht. Zur See fahren war sein Wunsch. Bremer war er noch dazu. Als was er zur See fahren wollte – ob Stoker oder „vorm Mast" – wußte er nicht genau. Das war ihm auch ziemlich egal. Aber dem Reeder war das nicht gleich. Erstens wollte er von Henris Vater die schriftliche Erlaubnis haben, daß dieser auch damit einverstanden sei ... mit der Seefahrt. Er schien es dann wohl auch eingesehen zu haben ... das mit der Backstube und der Seefahrt. Henri bekam seinen Segen.

14 Monate fuhr er als Schiffsjunge. Aber an Bord heißt das „Moses". Dann sollte er, seine erste Reise als Leichtmatrose machen, aber ... Krieg! Henri wurde zur Marineartillerie eingezogen. Sein Dampfer wurde Vorpostenboot. Nach Henris Meinung wurden auch damals schon nur „Kraxelhubers" zur „blauen Marine" eingezogen. Der Krieg dauerte lange genug, so daß er es im Laufe der Jahre zum Obergefreiten brachte, obwohl er lieber seine zwei Jahre als Leichtmatrose zu Ende gemacht hätte. Nach der Kapitulation mußte Henri seinen alten Reeder davon überzeugen, daß er wirklich schon alt genug wäre, und nichts von der „christlichen Seefahrt" verlernt hätte, um wieder vorm Mast fahren zu können.

Seine erste Heuer nach dem Krieg war ein Fischdampfer, die „Gude Gast". Er sagte niemals Dampfer, sondern immer nur „steamer". Bei der ersten Fahre ließ der Alte immer noch das Minenräumgerät fieren. Andere Dampfer hatte es schon mal ganz schön erwischt, nicht nur während des Krieges, auch noch lange hinterher ... Im großen und ganzen war das Schiff anständig und die „crew" an Bord war es auch. Drei von der Kriegsmarine waren auch darunter. Es war im Anfang für sie ein bißchen ungewohnt – der Ton und die zivile Haltung, aber es war ja kein „Aktiver“ dazwischen. „Aktive“ sind an Bord der Fischdampfer und auf anderen Schiffen nicht allzu gern gesehen, die sollen so „einseitig“ sein.

Seine Wache ging Henri immer mit seinem Kumpel Klaus. Es war immer dasselbe, wenn sie draußen waren. Aber tauschen wollte Henri mit niemandem in seinem Beruf. Mal ging's bis nach den Shetlands oder zu den Orkneys, dann wieder bis zur Doggerbank oder ins Skagerrak. Nein, tauschen wollte er mit niemandem, trotz der Wache. Immer derselbe Törn: vier Stunden Wache – vier Stunden Freizeit – und wieder vier Stunden Wache ...

„Hiev op!“ Die stählernen Kurrleinen mit dem Platz wurden an Bord geholt. Die Maschinen stoppten. Bei schlechtem Wetter liefen sie auch manchmal auf Gegenkurs, wenn der „steamer“ zu stark dümpelte. Wenn das Netz aus dem Wasser geholt wurde, war immer eine kreischende, weiße Wolke von „Emmas“ über dem Schiff. Wenn der Haufen Fische an Deck ausgekippt wurde und die vorwitzigsten Möwen auf eine günstige Gelegenheit warteten, ging's an das Kehlen der Heringe. Ein Vergnügen ist das nicht, wenn die Hände vom Frost aufgesprungen sind und die Heringe auch gleich gesalzen werden sollen. Das Salz rieselt über die Hände. Ein Stich, ein Hieb – die Eingeweide fliegen an Deck, die Heringe in die Salztonne. Das geht so stundenlang: Hieb, Stich, Salz, auf Eis, Hieb, Stich, Salz, Fisch, Hieb, Stich ...

So eine Reise dauert fünf bis sechs Wochen. Da gibt es an Bord keine Freizeit, nur auf deutschen Dampfern wird auch sonn- und feiertags gearbeitet. Zur Abwechslung geht mal ein steifer Südost, mal auch ein Schneetreiben oder ein anständiger Brecher wischt über die Back. „Hiev op!“ Die nächste Ladung, die Kurrleinen laufen über die Winsch ... Die Mannschaft ist am Fangergebnis beteiligt. Bei der letzten Fahrt betrug Henris Heuer zweihundertachtundvierzig Mark und siebenunddreißig Pfennige.

... unter der roten Laterne von St. Pauli ... ay, ay, aaha ... da hab ich sie ja sogerne geküüüü ... ay, ay, aaha.

Große Freiheit. Seit vier Wochen verkauft Günther M. im Keller – das ist kein Keller, das ist eine Bar, die heißt nur Keller – Schnaps. Nur keinen Moralischen! Was soll er denn sonst auch tun? Günther M. ist 25 Jahre alt, dabei sieht er aus wie ein Lebemann mit Kinderaugen. Seinen Beruf bezeichnet er als „geräuschloser Vertreter in Mangelware“. Er hat aber nichts dagegen, wenn man ihn „Lord“ nennt. Und wenn er „drei kleine zu Fuffzehn“ getrunken hat, gibt er zu, daß er Seemann ist, – „aber einer von denen, die überall dabei sind, wo ein Bolzen gedreht wird.“ Doch so schlimm ist es gar nicht mit Günther M. ... Am Tage setzt er seine drei bis vier Flaschen um. An jeder Pulle verdient er vierzig Mark. Aber die Unkosten sind auch hoch. Fünfzig Mark legt er jeden Tag zurück für das Ölzeug. Das braucht er, wenn er wieder fahren will. Und den Rest gibt man aus, wenn man nicht ganz auf den Hund kommen soll. Bevor er „in Schnaps machte“, fuhr Günther M. zur See. Sein letztes Kommando – Himmelfahrtskommando – war bei der GMSA (German Mines Sweeping Administration). Da ist er zweimal baden gegangen. Dieser Beitrag zur Reinigung der Nordsee war ihm etwas riskant. Mehrere hundert Mann der GMSA haben seit der Kapitulation daran glauben müssen. Aber es hält ihn nicht mehr an Land. Günther M. muß wieder fahren. Er kommt sich vor wie ein junger Hering, den man vergessen hat, wieder ins Wasser zu werfen.

Vergangene Woche am Donnerstag war er beim Heuerbaas in der großen Deichstraße gegenüber der großen Fischhalle. Er wollte mal nachfragen, wie es mit einer Chance wäre. Aber der Baas wies bloß auf das Schild mit der Aufschrift „Hier werden nur eingetragene Seeleute vermittelt“. „Nachfragen zwecklos“. Das stand zwar nicht darauf, aber dafür war es auf dem Gesicht des Heuerbaas zu lesen. Trotzdem ließ er den Mut nicht sinken. Fragen, immer weiter fragen. Vielleicht ist da doch mal so ein alter Fahrer, der seine Sehnsucht versteht und ihm einen Tip gibt, einen brauchbaren, denn von den andern kriegt er mehr als er brauchen kann. Hat er schon nicht die See, hat er doch das Hafengelände, das er in vielen Richtungen durchquert. Dabei immer den einen Gedanken: „Vielleicht ...“ An der Pier lagen mehrere Dampfer. Zwei löschten gerade ihre Fänge. Einer nahm Eis und ein anderer bunkerte. Als er den Maat von der „Luise M ...“ so im Vorbeigehen mal antippen wollte, wie das so mit einer Heuer wäre, und ob die Speiserolle an Bord gut wäre, da drehte der sich kaum um: „Frog mi doch keen Loch in Mors, Du bis all de Soßte, de dor dumm frogt!“ Und genau dasselbe auf dem Arbeitsamt, nur nicht genau so formuliert. Aber die haben ja auch keine Schiffe. Eins versteht Günther M. heute noch nicht: bevor man ein Schiff vermittelt bekommt, muß man erst den Zuzug haben. Das ist nicht ganz leicht zu verstehen, man muß sich schon ein wenig in der Bürokratie auskennen. Die Herren dort sind nicht übertrieben freundlich, aber doch noch zeitgemäß höflich und so hat ihm das einer von ihnen gestern erklärt: „Die Leute haben ja sonst keine ‚Bleibe‘. Bis da ja so innerhalb der nächsten Jahre ein Kahn eintrudelt, der einen Decksmann gebraucht ...“

Auf dem Bau versuchte es Günther M. auch schon. Aber da hat er sich nicht zurechtgefunden. Denn mit Seefahrt hat das wirklich nichts zu tun. Manchmal ist er ganz verzweifelt. Dann hat er das Gefühl, daß er immer zu spät kommt, überall, immer zu spät. Einen Tip hat er noch, einen Pott von der Küstenschiffahrt. Der fährt Holz und Stückgut nach England und manchmal auch in die irische See. An Bord hat er einen guten Kumpel, mit dem er neulich mal einen dollen Zug gemacht hat. Günther kennt die Quellen, wo es für einen Seemann in der „Freiheit“ billiger ist. Und dann hat ihm der andere versprochen: wenn an Bord mal einer krank wird, dann bekommt er Bescheid, prost! Das hat er damals gesagt, und wenn der das sagt, dann ist auch Verlaß drauf. Aber Ölzeug und Seestiefel müßte er mitbringen, Arbeitspäckchen und gutes Seezeug hätten auch sie nicht, die schon wieder fahren, jedenfalls nicht komplett. Das Ölzeug hat Günther M. in den nächsten Tagen abgestottert, doch an Bord ist immer noch keiner krank geworden ...

Vor einigen Monaten wurde alle deutschen Seeleute in den Westzonen registriert. Mancher Seemann, der heute in irgend einem Ausweichberuf arbeitet, hat damals Hoffnungen gefaßt, die sich bis jetzt noch nicht erfüllt haben. Die Gewerkschaften und alle anderen verantwortlichen Stellen bemühen sich, eine Besserung der Lage zu schaffen. Es ist vorgesehen, daß die Seeleute, die in andere Berufe abgewandert sind, wie Hafen-, Bau- oder Transportarbeiter, sofort wieder fahren dürfen, wenn es die Situation erlaubt. Man spricht davon, nachdem die Internationale Transportarbeiter-Gewerkschaft ihre Zustimmung gegeben hat, daß man 10 000 Permits für die Fahrt auf allen Schiffen aller Nationen von der Militärregierung erhalten wird. Hoffen wir, daß darin nicht der Bedarf der deutschen Küsten- und Fischereischiffahrt von schätzungsweise 9000 Seeleuten mit einbegriffen ist.

Bis dahin bleibt den jungen Menschen, die heute Seeleute werden wollen oder schon sind, keine Möglichkeit, ihren Beruf auszuüben. Man kann keine Seeleute in Aquarien züchten. Berufsschulen nützen hier nichts. Hier hilft nur die Praxis – die See!

Das Treibholz unserer Zeit

Von Fried Maximilian

In einem Berliner Krankenhaus starb ein Flüchtlingskind. Ein Knabe von etwa zehn Jahren. Er war still und sanft gewesen, Schwestern und Ärzte hatten ihn liebgewonnen. Sie sahen seinen Tod unerbittlich kommen, er konnte nicht mehr leben, seine schwachen Kräfte waren von Not und Kummer verzehrt. Man brachte ihm Spiele und Speisen an sein Bett und wollte Freude in seine letzten Stunden tragen. Aber er sah die Dinge an und wandte sich ab. Nur eine kleine von seinen Kinderfingern zerdrückte Pappschachtel, zusammengehalten von einem Gummiband, ließ er nicht aus den Händen. Auch nicht, als der Tod kam. Später öffnete man das Heiligtum des Knaben. Die Schachtel enthielt nichts als ein paar bunte Bauklötze, zwei Perlhuhnfedern, einen Knopf von des gefallenen Vaters Uniform und die schlechte Photographie der Mutter. Nichts – als ein Stück Heimat und Kindheit.

„Was wollt ihr denn von uns, ihr Erwachsenen", sagt der sechzehnjährige Klaus B. zu dem Mann, der sich wie ein Vater um ihn bemüht. „Aus der Kindheit hat man uns herausgerissen in den Krieg. Damals in Stettin wurden wir auf einen Lastwagen geladen und nach Schievelbein gekarrt. Ja, wir waren die Kräftigsten von unserem Bann. Deshalb gab man uns achtzig Jungen Panzerfäuste und Gewehre und sagte, wir würden es schon schaffen und der Führer schaue auf uns. Und weil wir's glaubten, standen wir neun Tage bis an den Bauch im Wasser, neun Tage hielten wir aus, bis wir merkten, daß wir ganz allein waren. Aber wir glaubten noch immer." Er spricht nur noch für sich, der blonde Klaus mit den hohlen Wangen, den sie aufgegriffen haben. Er wühlt mit seinen dreckigen Fingern in den Haaren. Plötzlich sieht er hoch und alles Aufbegehren ist aus seiner Stimme. „Wir kriegten noch das EK und kamen in die Nahkampfschule in Heringsdorf. Da hatten wir wenigstens noch zu fressen und wurden gepäppelt. Wir waren ja die letzte Rettung." Dann kamen die Russen und alles war aus. Die Jungen gingen auf die Landstraße. „Und da bin ich heute noch", sagt Klaus. Auf die Frage, ob er nicht nach drüben zurückwolle, sagt er: „Nee, noch bin ich nicht lebensmüde." Morgen früh wird er sich seine Papiere holen vom Bunkerwart und weiterwandern. „Wovon ich lebe? Ich lasse mich doch nicht ausfragen."

„Das möchtet ihr wohl gern wissen", meinte auch der siebzehn Jahre alte Gustav N. aus Ostpreußen, als ihn die Kameraden im Lager fragten, wie er so plötzlich zu Geld gekommen sei. Arm wie eine Kirchenmaus war er mit ihnen angetrieben worden, jetzt raucht er englische Zigaretten und riecht nach Fusel. Kurz vor Kriegsende war Gustav noch eingezogen worden. Auf Vaters Bauernhof hatte er keine Sorgen gehabt, auch selten Geld in die Finger bekommen, jetzt markiert er den Lebemann. Ganz geschickt, aber nicht geschickt genug – denn die Lagergenossen merkten bald, daß sie die unfreiwilligen Geldgeber für Gustavs feudale Gelüste nach Nikotin und Alkohol waren. Er hatte ihnen nach und nach über 500 Mark geklaut. Mit dem Kapital kaufte er bei einem Schwarzhändler Zigaretten, die er an eben dieselben Kameraden weiterverschachert. Der Bauernjunge Gustav hat jedes Empfinden für das Unerlaubte verloren. Es schert ihn nicht, daß er die letzten Ersparnisse anderer Flüchtlinge verpraßte – ja, er ist noch beleidigt, als sie ihm zu Leibe rücken. Ehe er dem Gericht übergeben werden kann, verschwindet er in die russische Zone.

Bei Nacht und Nebel kam der sechzehnjährige Günther N. nach Bergedorf, um bei Bekannten unterzuschlüpfen. Aber die hatten das Haus voll, so ging er zum Jugendamt in Hamburg und kam in ein Wohnheim. Er ist groß und kräftig, in seinem breiten Gesicht stehen ein paar gutmütige braune Augen. Mit dreizehn Jahren meldete sich Günther zum Volkssturm und wurde als Funker angenommen. Mit einem schlecht bewaffneten Haufen alter Männer wurde der Berliner Junge in die Trümmer von Frankfurt jenseits der Oder geschickt. In den Nächten lernte er das Fürchten. „Ick hätte lieba bei Muttern bleiben sollen“, bekennt er heute. Im Morgengrauen des 20. Februar 1945 krochen die Überlebenden frierend und am Ende ihrer Kraft aus den Löchern und hoben die Hände hoch. Sie wurden in Waggons verladen und waren nach Wochen in Charkow. „Vier Mann hatten sich unterwegs aufgehängt“, sagt Günther. Vierzehn Monate hat er dort ausgehalten, dann ist er abgehauen. Tagelang irrte er durch die Rokitnosümpfe, bis er zu den Nachschubstraßen der russischen Armee fand. Bei Helle versteckte er sich, nachts pirschte er sich an haltende Kolonnen und enterte einen Wagen, der nach Westen fuhr. Manchmal, wenn die Wagen ihre Route geändert hatten, fand er sich nach Tagen noch weiter östlich wieder; viermal wurde er aufgegriffen, verprügelt und eingesperrt. Aber er brach wieder aus, er wollte nach Hause. Nach drei Wochen und drei Tagen stand er vor dem Hause der Mutter und konnte gar nicht begreifen, daß es noch heil war, daß Mutter und Geschwister noch lebten, so viel Zerstörung und Tod hatte der Junge von vierzehn Jahren gesehen. Er fängt als Lehrling in einem Industriewerk eines Vorortes von Berlin an. Es geht ihm gut, die Arbeiter bekommen zwei Pfund Butter, vier große Weißbrote und 100 Gramm

Tabak im Monat zusätzlich. Aber Ende 1946 wird das Werk demontiert, Günther hilft beim Einpacken, dann bekommen alle Urlaub bis zum Abtransport. Am 3. Januar 1947 erscheinen ein Offizier und zwei Mann, um ihn abzuholen. Am 5. Januar ist er schon in Hamburg. „Mir hat's jereicht", meint er lakonisch. Jetzt hat er eine Lehrstelle als Autoschlosser; in zwei Jahren ist er Geselle.

Lager und Bunker, Schwarzmärkte und Gefängnisse, Wirtshäuser und Bahnhöfe sind die Schaukelpferde des infernalischen Karussels der Vertriebenen und Umhertreibenden. „Es muß eine unheimliche Macht im Vagabundieren stecken, ein starker Zauber im Leben ohne Ordnung und feste Arbeit, denn leicht und mühelos ist dieses Leben ja auch nicht", heißt es in den Aufzeichnungen einer Frau, die Nacht für Nacht in der Bahnhofsfürsorge ihren Dienst tut. Die Zehn- bis Fünfzehnjährigen, die verlogen und verstockt sind und Angst vor jeder Art der Erziehung und Zucht haben, kennt diese Frau ebenso wie die verzweifelten Mütter mit sterbenden Säuglingen, wie die heimatlosen Jungen mit der täglich wechselnden „Braut", die ausgewiesene junge Studentin und die noch nicht sechzehn Jahre alten Jungen, die aus der Kriegsgefangenschaft in der Nähe Moskaus entlassen wurden. „Sind in Ostpreußen dabeigewesen", schreibt sie weiter, „verschlagen, ohne Heimat und Eltern. Ein erschreckendes Gemisch aus Kind und Mann. Um was sind sie betrogen! Welch eine unverantwortliche Sünde, dies letzte Aufgebot der Kinder!" Diese jungen Menschen, dies „Treibholz unserer Zeit" flutet immer wieder durch die Bahnhöfe Deutschlands in einem Strom, der nicht an Breite und Fürchterlichkeit verlieren will.

Im großen Bahnhofsbunker von Hannover hockt der Kellner hinter dem Berg von Tellern mit rotem Gemüsesalat. Ein Junge mit abgetragener Uniform, mit langen

Haaren, einem goldenen Armband und rotem Schal nimmt zwei Portionen und windet sich durch die Fülle der Menschen und ihrer unförmigen Bündel zu einem Tisch. Ein schmutziges Weib mit wirren Haaren und dick verbundenen Händen schlägt gerade die Karten. „Bei Ihnen liegen bloß Männer", sagt sie zu dem Mädchen, vor das der Junge den Salat gestellt hat. Das Mädchen lacht scheppernd auf, dann zieht sie den Jungen zu sich herab und sagt: „Morgen fahren wir nach Göttingen, da gibt's mehr Schnaps und Ami-Zigaretten." Kriminalbeamte gehen durch die Tischreihen: „Wir kennen die meisten hier", sagt einer, „sie leben vom Schwarzhandel, vom Diebstahl oder vom ‚Spritzen'." Lachend erklärt er den Fachausdruck: Sie locken Neulinge auf dem Schwarzen Markt in die Trümmer und plündern sie dann aus. Gauner unter Gaunern. Namenlose, ohne Papiere. „Es hat keinen Zweck, daß wir ihnen neue Papiere geben", erzählt ein Polizist, „sie verkaufen sie doch wieder." Ein Zweiundzwanzigjähriger aus Breslau mit Skimütze und zerschlissener Tarnjacke hat als einzigen Ausweis den Entlassungsschein aus dem Gefängnis. Sechs Monate hat er abgesessen, jetzt treibt er sich wieder in Hannover umher. Im Kegel der Lampe kauerte ein junges schwangeres Ding im Schoße eines blassen, unterernährten Jungen. Gegen Morgen ist eine der üblichen Razzien. Von 118 aufgegriffenen Mädchen stellen sich bei der Untersuchung 68 als geschlechtskrank heraus.

Nicht alle diese Mädchen sind Flüchtlinge und nicht alle Flüchtlingsmädchen rutschen ab. Denn es ist für die Mädchen meist leichter wieder unterzukommen als für die Jungen. Manches elternlose Mädchen fand schon auf dem großen Treck aus dem Osten oder im Waggon des Vertriebenentransportes Anschluß an eine Familie. Viele aber machen es sich leichter und schlüpfen für kürzere oder längere Zeit bei einem Manne unter. Das Wort „Liebe, Brot der Armen" hat wieder Gültigkeit. Andere aber versuchen auf eigene Faust durchzukommen. Da war die Erika aus Berlin mit ihren siebzehn Jahren. Sie saß in Heide (Holstein), dunkelblond und bescheiden, an einem Wirtshaustisch. Eine schmale, leuchtend rote Narbe hatte sie an der linken Schläfe. 1944 wurde sie mit ihrer nervenleidenden Mutter aus dem zerbombten Berlin nach Karlsbad umquartiert. Wenn sie auch nicht gern gesehen waren, so ging es ihnen doch ganz gut. „Mutter war so krank, aber immer geduldig und lieb", erzählt Erika. Am 8. Mai 1945 mußten sie aus Karlsbad flüchten. Die Mutter in einem Krankenauto, Erika auf einem Lastwagen. Als sie in Sachsen ankamen, fehlte der Wagen mit der Mutter, und das Mädchen Erika stand allein auf der Welt. Sie wandte sich zu ihrer einzigen Freundin nach Heide. „Ich hatte Pech", sagt sie, „ausgerechnet ich, die ich doch mitten im Großstadtverkehr aufgewachsen bin, mußte hier unter ein Auto kommen." Drei Monate lag sie im Krankenhaus. Von ihrem Vater, der in Berlin-Pankow zurückgeblieben war, hat sie keine Antwort auf alle ihre Briefe bekommen. Erika, dunkelblond und bescheiden, hofft auf eine Stellung als Serviermädchen in einer britischen Kantine. Doch alle „Selbständigkeit" würde Erika aufgeben, wenn sie wieder mit ihren Eltern vereinigt wäre.

Anders allerdings dachte die Dreizehnjährige, die vorgab, ihr Vater wäre Schiffbauer in Königsberg gewesen, von wo sie geflohen seien. Die zierliche, wie eine Erwachsene zurechtgemachte Göre nannte sich „Schauspielerin". Zum Beweis sang und steppte sie auf der Hamburger Bahnhofsmission Schlager à la Marika Rökk. „Nein, anders kann ich nicht singen", sagte sie auf Befragen gekränkt, „ich bin doch ausgebildet." Sie wollte nach Bremen ins „Engagement". Schließlich gab sie zu, die ausgerissene Tochter eines Dentisten aus Schleswig-Holstein zu sein. Sie wurde schleunigst aus dem „Flüchtlingsdasein" ins Elternhaus zurückgebracht. – Im Gegensatz zu dieser jugendlichen Abenteurerin war die sechzehnjährige Klara S. aus Hinterpommern klar und verantwortungsbewußt. Sie kam mit fünf Geschwistern, das jüngste war drei Jahre, in die britische Zone. Jedes Kind war sauber angezogen und trug sein geringes Gepäck in einem von Klara genähten Rucksack. 1945 war den Kindern die Mutter weggestorben und die Älteste hat die Familie seitdem mit ihrer Arbeit ernährt. Sie hatten alle Ausweispapiere und Fahrkarten nach Ratzeburg, wo der Vater sie erwartet. Eine Suchanzeige, die Klara aufgegeben hatte, hat ihnen den Vater wiedergeschenkt. – „Es gibt unter dieser heimatlosen Jugend viel stille Tapferkeit und Zielbewußtheit“, sagte ein Diakon, „aber leider noch mehr Zügellosigkeit, Freiheitsdrang, Mißtrauen, Geltungsbedürfnis. Dem Gros ist jede Hemmung verloren. Es wird eingebrochen, gestohlen, geschachert. Es fehlt ihnen die Heimat oder wenigstens ein Heim, es fehlt ihnen die Liebe der Eltern und die Aussicht auf einen vernünftigen Beruf.“

Der Krieg trieb zwölf Millionen deutscher Menschen aus ihrer Heimat allein in die westlichen Zonen. Millionen von Kindern und jungen Menschen sind darunter. Das ist die Folge eines Krieges, der von Hitler angeblich für das Glück eben dieser Jugend entfesselt wurde. Die wenigsten von diesen jungen Menschen haben Ruhe und ein ordentliches Leben finden können. Der Verlust der Heimat, die Zerstörung des Glaubens und die bittere Not treiben sie zu Verbrechertum oder Nihilismus. Niemals wird man die Zahl der Kinder feststellen können, denen das „Glück der großen und bewegten Zeit“ den Tod brachte. Angefangen von den erfrorenen Säuglingen, die weinende Mütter im Schnee der Treckstraße zurückließen, über die bei letzten Kampfhandlungen umgekommenen – sechsundachtzig tote Kinder zählte ein Augenzeuge in einer großen Stadt des deutschen Ostens – bis zu den Kindern, denen man Gewehre und Panzerfäuste in die

Hand gab, und denen, die später noch von den Eltern getrennt wurden und verschwanden.

Grauenhaft verwirklicht steht hinter diesem Verbrechen an den jungen Deutschen der wahnwitzige Satz Hitlers: „Die deutsche Jugend wird dereinst entweder der Bauherr eines neuen völkischen Staates sein oder sie wird als letzter Zeuge den völligen Zusammenbruch, das Ende der bürgerlichen Welt erleben."

In einem Zimmer

Von Peter Grubbe

Wir tun hier einmal etwas Ungewöhnliches: Wir veröffentlichen die Novelle eines jungen Schriftstellers, die wir vom literarischen Gesichtspunkt als wertvoll erkennen und die wir trotzdem ablehnen. Wir veröffentlichen sie, um eine Haltung zum Leben zur Diskussion zu stellen, und wir lehnen sie ab, weil diese Haltung uns abgrundtief pessimistisch erscheint, also letztlich unfruchtbar.

Wir hätten keinen Grund zum Optimismus? Wir sind der Meinung, daß man niemals stärkere Gründe für den Optimismus finden sollte, als wenn ein Tiefpunkt des materiellen Daseins erreicht ist.

Das würde für die Literatur Verlogenheit bedeuten? Mißverstehen wir uns nicht – wir fordern keine Beschönigung, wir fordern nicht die blaue Blume in den Ruinen, und wir sind nach wie vor nicht dafür, die Augen vor den Tatsachen zu verschließen, wenn die Tatsachen schrecklich sind. Wenn wir fordern würden, daß der vorliegenden Erzählung etwa ein „happy end" angehängt würde – das wäre verlogen! Aber wir sind der Meinung, daß die Grundeinstellung zum Leben eine andere sein kann. Und diese Grundeinstellung braucht nicht verlogen zu sein!

Eine Diskussion um eine einzelne Geschichte wäre unnütz, wenn diese Geschichte eben nur eine einzige ihrer Art wäre. Aber aus vielen Veröffentlichungen junger deutscher Schriftsteller erkennen wir, daß hier eine allgemeine Tendenz vorliegt, eine Neigung zur Resignation, die Gefahr bergen kann. Was meinen Sie dazu?

Sie stellte den letzten Teller in den Schrank zurück, hängte das Handtuch über den Stuhl. Es war gleich sechs. Gleich würde Gerhard zurückkommen. Bis dahin mußte sie noch aufräumen; und das Essen zu Ende kochen; und die frisch gewaschenen Jäckchen und Höschen der Kleinen von der Leine nehmen, die über ihrem Bett gespannt war. Gerhard liebte das nicht. Müde ließ sie die Hände sinken. Das Kind schrie. Es hatte sich in seinem Laufstall verklemmt. Sie befreite es und gab ihm einen bunten Holzklotz zum Spielen. Dann trat sie ans Fenster. Ein paar Flocken trieben durch die schneegraue Luft. Das Thermometer zeigte 8 Grad. Sie fror. Mit einer zaghaften Bewegung strich sie über den großen, weißen Kachelofen. Aber kein Wunder war geschehen. Er war kalt wie immer. Und die elektrische Heizsonne reichte nicht aus, das Zimmer warm zu halten. Es war ohnehin verboten, sie zu benutzen. Wahrscheinlich würde man ihnen im nächsten Monat den Strom sperren, weil sie zuviel verbraucht hatten.

Ein Schritt kam die Treppe herauf. Ihr Gesicht, das bis dahin ganz weich gewesen war, ohne Konturen, fast wie im Schlaf, spannte sich. Ihre Bewegungen wurden unruhig. Es war Gerhard. Und das Essen war noch nicht fertig. Und die Strümpfe zum Stopfen lagen noch auf dem Tisch. Und die Kinderwäsche hing noch auf der Leine – – hastig stopfte sie alles in einen Korb und schob ihn unters Bett.

Er trat ein. Sein Gesicht, über dem soeben noch eine angestrengte Fröhlichkeit gelegen hatte, verzog sich beinahe schmerzlich. Ein Schatten legte sich über seine Stirn. Jeden Tag ging es ihm so, wenn die stickig feuchte, verbrauchte Luft, dieser Geruch nach Kohl und nassen Windeln und schlechter Seife, ihm entgegenschlug, der den Raum erfüllte, diesen Raum, der ihnen Wohn-, Koch-, Schlaf- und Kinderzimmer zugleich war. Jeden Tag ging es ihm so. Er wußte es. Aber er brachte die Energie nicht mehr auf zu einer freundlichen Miene.

Er schloß die Tür. Heute nachmittag, auf dem Heimweg aus dem Büro, zwischen den Trümmern und Häuserruinen, hatte er plötzlich daran gedacht, daß man nicht alles unter der grauen, gleichgültigen Müdigkeit des Tages ersticken lassen dürfe, daß man etwas bewahren müsse von dem, was doch einmal dagewesen war und das heute noch die Geborgenheit schuf, von der Liebe. Er trat auf seine Frau zu, um ihr einen Kuß zu geben. Aber er hatte nicht auf den Fußboden geachtet. Der bunte Klotz, mit dem das Kind gespielt hatte, lag im Wege. Er stolperte, rutschte aus und schlug sich an der Bettkante. Ein Fluch fuhr über seine Lippen:

„... Muß denn auch alles immer herumliegen!"

Sie zuckte zusammen. Das Kind schrie. Sie beugte sich zu ihm nieder, um es zu beschwichtigen. Eine dumpfe Wut kochte in ihm hoch. Seine Zärtlichkeit, sein guter Wille waren verflogen. Er hätte sie anschreien, ihr eine höhnische Bemerkung ins Gesicht schleudern mögen, damit sie einmal aus ihrer schweigenden Duldsamkeit herausfuhr. Damit ihre sanfte Beherrschtheit einmal zerriß. Damit sie vielleicht auch einmal böse würde und aufschrie und der Lärm das ganze muffige, verstaubte, zerquälte Schweigen zerriß, das nun schon seit Wochen über diesem Zimmer lag, in dem sie beieinander hockten. Damit einmal Luft wurde. Luft – –. Aber er schluckte es herunter. Er hing den Mantel über den Haken, nahm die Zeitung aus der Tasche und setzte sich in eine Ecke der Couch, die bei Nacht sein Bett war. Ein Paar gestopfte Strümpfe, die auf die Erde gefallen waren, stieß er mit dem Fuß zur Seite. Nach einer Weile schaltete er das Radio ein.

Eigentlich hatte er etwas arbeiten wollen. Am Vormittag, im Betrieb, war ihm eine Verbesserung für eine Maschine eingefallen. Er nahm einen Bogen Papier aus der Mappe. Er hatte darauf bereits eine Zeichnung begonnen.

In ein paar Stunden konnte sie fertig sein. Nur zwei Stunden Ruhe brauchte er, zwei Stunden, zum Nachdenken, zum Arbeiten – aber er konnte seine Gedanken nicht konzentrieren. Hinter ihm kocht seine Frau das Abendbrot. Jetzt stellte sie die Heizplatte ab. Jetzt legte sie das Kind in seinen Schlafkorb. Es sang leise vor sich hin. Dann rief es sie mit hohen, fröhlichen Tönen. Sie klapperte mit den Tellern. Er schob die Zeichnung in die Mappe zurück. Seine Gedanken vermochten kaum die Sätze der Zeitung zu begreifen, die er las. Sie flüchteten sich in die eintönigen Rhythmen der Jazzmusik, die aus dem Lautsprecher kamen.

Sie setzte die Terrine mit der Suppe auf den Tisch und wandte sich um, die Löffel zu holen. Er legte die Zeitung zur Seite und blickte ihr nach. Sie hatte noch immer den schmalen, mädchenhaften Rücken, die schlanken Hüften, die runden Schultern, die er so liebte. Noch immer ging sie mit jenem eigentümlich zerbrechlichen, steifen Schritt, den er unter tausenden herausgekannt hätte. Er hätte ihr gern über das Haar gestrichen, über das dunkelblonde Haar, das noch immer wie eine Krone über ihrem schmalen, müden Gesicht lag. Aber auf dem Tisch stand die Kartoffelsuppe. Es roch nach Kohl. Und das Kind plapperte vor sich hin.

Sie hatte sich einen Stuhl geholt. Einen Augenblick dachte er, daß er das eigentlich hätte tun können. Aber da saß sie schon. Und sie begannen schweigend zu essen.

Als der Topf leer war, stand er auf. Sie sah sein Profil im Halbschatten der Lampe. Die hohe, eckige Stirn, die scharfe Nase, die Falten um seinen Mund. Sie hätte ihm gern ein zärtliches Wort gesagt. Aber die Worte, die nicht zum Alltäglichen gehörten, klangen steif und fremd in diesen Wänden, die mit tausend kleinen Geräuschen des Alltags angefüllt waren bis zum Rand. Sie wußte, er war noch hungrig. Er hatte es nicht ausgesprochen. Aber sie wußte es. Schon längst wußte sie all seine Gedanken, ohne daß er sie aussprach. Sie kannte seine Bewegungen, seine Blicke, die Worte, die er im Traum mit sich selber redete. Seit über einem Jahr lebten sie in diesem Zimmer, aßen, sprachen, schliefen, immer nebeneinander, niemals für sich. Wenn sie gekonnt hätte, wäre sie einmal fortgegangen, mit dem Kind, für ein paar Tage, irgendwohin, nur um ihn einmal allein zu lassen, und um selbst einmal allein zu sein. Um einmal die tödlichen Mauern dieser Nähe, dieses täglichen Beieinanderseins zu sprengen, die sie zu ersticken drohten. Um einander wieder einmal wirklich zu sehen, um Sehnsucht nacheinander zu haben und Freude, einander gut zu sein. Um einmal wieder ein Buch zu lesen oder aus dem Fenster zu schauen und nur zu träumen, ohne auf die Uhr sehen zu müssen oder auf einen Schritt zu horchen.

Die Musik im Radio war längst zu Ende. Eine Stimme redete. Irgend etwas. Keiner von ihnen hörte zu. Aber es stellte auch keiner den Apparat ab. Sein Geräusch verscheuchte die Stille, die sonst drückend geworden wäre.

Er stand über den elektrischen Ofen gebeugt und rieb seine Hände.

„Es ist kalt."

Die Worte klangen ihr wie ein Vorwurf.

„Der Ofen ist zu klein. Und der Strom ist schwach."

„Holz oder Kohlen haben wir wohl keine mehr?"

Sie wies mit einer Kopfbewegung auf das klägliche Häuflein gespaltenen Holzes hinter dem kalten, eisernen Herd. Er trat ans Fenster.

„Das ist alles?"

Sie nickte. Die zwei Dutzend Briketts, die dahinter versteckt waren, erwähnte sie nicht. Das war die äußerste Reserve.

Sie begann, das Geschirr abzuwaschen. Das Kind atmete ruhig und regelmäßig. Es schlief. Er zog eine Zigarettenschachtel aus der Tasche und öffnete sie. Zwei Stück waren noch darin. Er wußte, sie hätte sie wohl nötig gebraucht. Für den Schuster. Oder die Gemüsefrau. Er spürte, wie sie jetzt auf ihn hinsah. Sie mißgönnte sie ihm nicht. Gewiß nicht. Sie dachte nur daran, wie gut sie sie hätte brauchen können. Das Streichholz flammte auf. Er zog den Rauch in die Lunge.

Auf der gegenüberliegenden Straßenseite lag ein kleines Theater.

Vor acht Wochen war es eröffnet worden, in einem ehemaligen Turnsaal. Damals hatten sie sich vorgenommen, bald einmal hinzugehen. Aber es war nichts daraus geworden. Und heute sprachen sie schon gar nicht mehr davon. Sie hätten sich umziehen müssen und ein festliches Gesicht aufsetzen müssen, plötzlich, zwischen all den Dingen und Geräuschen des Alltags. Vor sechs Wochen waren Kneisels das letzte Mal bei ihnen gewesen. Nach dem Abendbrot. Aber sie hatten nichts zu trinken gehabt. Um zehn Uhr hatte das Kind geschrien. Um elf Uhr hatten die Nachbarn an die Wand geklopft. Und sie selbst hatten die ganze Zeit immer nur vom Essen gesprochen und von den Kohlen, die nicht da waren, und von den fehlenden Zigaretten. Seitdem hatten sie es gelassen.

Sie war fertig mit dem Abwaschen. Sie trocknete sich die Hände ab. Im Radio spielten sie den „Rosenkavalier" von Richard Strauß. Vor acht Jahren hatten sie ihn zusammen gesehen. In Dresden. An jenem Abend hatte sie das graue Seidenkleid zum erstenmal getragen. Es war auch verbrannt. Vor acht Jahren.

Auf dem Schrank standen ihre Bücher, die wenigen, die sie gerettet hatten. Aber es waren ihre Lieblinge dabei. Balzac und Goethes „Dichtung und Wahrheit". Sie hätte gern einmal wieder in einem von ihnen gelesen. Einen Augenblick zögerte sie. Aber dann fiel ihr Blick auf die Strümpfe, die gestopft werden mußten. Sie nahm den Flickkorb und setzte sich in das Licht der Lampe, ihm gegenüber. Früher hatten sie oft lange Gespräche miteinander geführt. Vor vielen Jahren. Als noch Frieden gewesen war. In ihrer kleinen Wohnung in Berlin. Sie hatten sich beide oft richtig gefreut auf einen Abend, an dem sie miteinander allein waren. Aber heute wußten sie alles, was sie sich hätten sagen können. Er las in der Zeitung. Sie stopfte Strümpfe. Sie schwiegen. Er war 34 und sie 29 Jahre alt. Und sie waren 8 Jahre miteinander verheiratet. Aber jeder von ihnen fürchtete sich beinahe davor, daß der andere beginnen könnte zu reden. Sie haßten im voraus die Sätze, die er sprechen würde, so sehr kannten sie sich und waren müde geworden schon vom ersten Blick, mit dem sie sich am Morgen ansahen.

Zehn Minuten vor zehn schrie das Kind. Sie nahm es heraus, setzte es auf den Topf. Er legte die Zeitung zusammen, schob die Mappe zur Seite. Er hatte nichts gearbeitet. Hier würde er auch nicht dazu kommen. Vielleicht, wenn er sich in ein Café setzte ...

Sie machte sein Bett zurecht. Dann zogen sie sich aus und gingen schlafen. Er beugte sich zu ihr hinüber, sagte ihr gute Nacht. Dann schaltete er das Radio ab und löschte das Licht. Eine Weile starrte er ins Dunkel. Wie hübsch sie noch immer war. Trotz des blassen Gesichts und der müden, gebeugten Schultern. Und klug war sie. Früher hatte er sich so gern mit ihr unterhalten. Und sie war doch seine Frau. Man müßte einmal wieder richtig miteinander sprechen. Und sie in die Arme nehmen. Es war schwer jetzt. Für sie beide. Aber man durfte den Mut nicht verlieren. Man durfte nicht vergessen, daß man sich lieb hatte.

Er beugte sich zur Seite, um ihr das zu sagen. Leise rief er ihren Namen. Aber sie antwortete nicht. Er hörte ihre leichten, regelmäßigen Atemzüge. Sie schlief schon.

Nachwort

Nachdem wir damals die Geschichte „In einem Zimmer“ veröffentlicht und unsere Leser zu Stellungnahmen aufgefordert hatten, ergoß sich ein wahrer Strom von Zuschriften in unsere Dachbodenredaktion, in denen alle, ohne Ausnahme, (wie es aus der später abgedruckten Analyse hervorgeht) den Autor Peter Grubbe verteidigten. Weil er nämlich genau das beschrieben hatte, was die damalige Wirklichkeit war, die viele unserer Leser erschreckend ähnlich selbst erlebten. Aber – wie in manch einem Brief erklärt wurde – da die beiden Leute in dem einen Zimmer unter ihrem Zustand litten und sich doch auch noch immer liebten, und da es ja so schlimm nicht bleiben könne, würde sich dieser dumpfe, kraftlose Zustand gewiß eines Tages ändern und alles würde wieder gut werden. Und einer der Leser, der glaubte, sich und seine Ehe in beklemmender Weise wiedererkannt zu haben, teilte uns sogar seinen Entschluß mit, gleich heute beim Heimkommen seine Frau in den Arm zu nehmen und zu küssen. Er würde auch besonders darauf achten, nicht über einen bunten Klotz zu stolpern ...

Diese Reaktion war ganz typisch für eine Jugend, die – ausgenutzt, enttäuscht und um viele schöne Jahre gebracht – sehr genau wußte, daß sie an einem Punkt angelangt war, von dem es kaum noch abwärts gehen konnte. In der Erinnerung vieler Leute an jene harten ersten Jahre nach dem Krieg spielen eigentlich nur noch die Knappheit an Lebensmitteln, an Kleidung, Heizmaterial und Wohnraum eine Rolle. Man hat die Heimatlosigkeit vergessen, das sich Einlebenmüssen in fremder Umgebung, das Auseinandergerissensein der Familien, das Warten auf die Kriegsgefangenen, die große Arbeitslosigkeit und – besonders für die Jugend – die verlorenen Jahre, das Wiederholenmüssen vor langen Jahren abgelegter Prüfungen, der mit heutigen Verhältnissen gar nicht zu vergleichende Mangel an Ausbildungsmöglichkeiten, die Unmöglichkeit, einen Studienplatz zu bekommen, und die Erkenntnis, daß Eltern, Lehrer und andere Vorbilder ganz entscheidende Fehler gemacht hatten und wir ihnen ziemlich blind gefolgt waren. (Denn so, wie es sich heute manchmal liest, daß wir alle aus antinationalsozialistischen Elternhäusern stammten und uns infolgedessen von eh und je im inneren Widerstand befanden, war es denn wohl doch nicht ganz.)

Wir saßen also in jeder Beziehung auf einem Trümmerhaufen. Heute passiert es einem manchmal, daß junge Leute, die an der Gegenwart leiden, einem klarmachen wollen, wie gut wir es doch gehabt hätten, weil unser Trümmerhaufen uns die Möglichkeit gegeben habe, von vorn anzufangen. Daran mag etwas sein, und wir sind geneigt, da sich ja in der Erinnerung vieles verklärt – vor allem die eigene Jugendzeit – selbst manchmal daran zu glauben. Da ist es gut, einmal nicht nur in der verklärten Erinnerung zu kramen, sondern in alten Aufzeichnungen oder, wie hier, in einer Zeitschrift, um wieder zu wissen, wie es wirklich war.

Was damals recherchiert und geschrieben wurde, ist hier völlig unverändert abgedruckt, obgleich es die Redakteurin in mir manchmal fast unwiderstehlich reizte, hier und da etwas dem Stil der heutigen Zeit anzugleichen. Das Pathos der vergangenen Jahre war nicht spurlos an uns vorübergegangen und die erste Nachkriegsbegegnung mit Hemingway auch nicht.

Wir haben unter schwierigsten Bedingungen unser Material fleißig zusammengetragen, wir sind auf Kohlenwagen, Bauernkarren, Fahrrädern, Militärzügen und Straßenbahnen herumgefahren, haben in Werkstätten, eiskalten Wohnungen, Wartesälen, Wirtshäusern und auf der Straße mit anderen jungen Leuten geredet. Soweit ich mich erinnere, besaß keiner eine eigene Schreibmaschine. An eines aber erinnere ich mich genau: niemand unter uns hat je auch nur einen Gedanken an eine geregelte Arbeitszeit oder gar eine Soundsoviel-Stunden-Woche verschwendet. Es wurde so lange gearbeitet, bis wir fertig waren, und nicht wenige der hier abgedruckten Reportagen mußten mehrfach neu geschrieben werden. Davon abgesehen, hatten einige unserer gewesenen Soldaten heftig daran zu tun, ihre ein wenig in Vergessenheit geratene Orthographie und Interpunktion wieder aufzufrischen. Und die Allgemeinbildung lag nach sechs Jahren Krieg auch im argen, ganz davon zu schweigen, daß jene Leute, die Heinrich Heine, Thomas Mann, Karl Marx und andere „Unerwünschte" sorgfältig von uns ferngehalten hatten, uns nun mit einem unerträglichen geistigen Hochmut behandelten, weil wir die Werke der so lang Verfemten nicht kannten. Da gab es viel nachzuholen!

Unter diesen Bedingungen also haben wir uns bemüht, unseren Trümmerhaufen zu untersuchen und abzuschildern. Und wenn man heute diese Schilderungen liest, so ist man dann doch davon überzeugt, daß ganz sicher mancher oder manche der jungen Ärzte, Handwerker, Teenager, Ehefrauen und Lehrer – Gnade des Neuanfangs hin und her – liebend gern mit den jungen Leuten von heute getauscht hätte. Das einzige, was die Generation von damals der von heute wirklich voraus hatte, war der feste Glaube, daß es so schlimm, wie es in jenen Tagen war, einfach nicht bleiben konnte, und daß es unsere Aufgabe und nicht die Aufgabe irgendwelcher Politiker, Behörden oder gar der Gesellschaft – was man sich auch immer konkret darunter vorstellen mag – war, dafür zu sorgen, daß es wieder besser würde. Wie bei unserer Zeitschrift „benjamin“ im Kleinen ging es auch im Großen: mit völlig unzureichenden Kenntnissen und Mitteln wollte man die Welt nun endlich einmal gut und friedlich einrichten. Was dann daraus wurde, wissen wir alle. Aber wir haben in jenen Jahren doch wenigstens einmal an die Zukunft geglaubt.

Vielleicht liest auch einer jener jungen Leute die alten Reportagen, der heute auf dem Standpunkt steht, vor lauter Gier vermittels des Wirtschaftswunders groß und reich zu werden, wären wir zunächst einmal der Auseinandersetzung mit der Vergangenheit aus dem Weg gegangen. Vielleicht sieht er ein, daß es zuerst nicht um das Reichwerden ging, sondern um das schlichte Überleben. Wenn die Bewältigung der Gegenwart so schwer ist, bleibt zwangsläufig für die Bewältigung der Vergangenheit wenig Zeit. Außerdem, ganz gleich, wie man zu ihr stand, es war auch die eigene Vergangenheit, und da tut man sich mit einer objektiven Analyse nicht leicht. Übrigens haben wir uns trotzdem im „benjamin“ um dieses Thema große Mühe gegeben.

In den Reportagen haben wir die Situation der Jugend von 1947 versucht genau aufzuzeichnen. Eins ist leider nicht aus ihnen herauszulesen und muß trotz unseres heißen Bestrebens um Authentizität irgendwie übersehen worden sein: Alle, die in jenen Jahren jung waren, erinnern sich daran, damals unglaublich oft gefeiert und unglaublich viel gelacht zu haben! Trotz allem!

Wo unsere Zukunft heller wird

Die Herderbücherei nach dem 1000. Band

In jeder Serie ist Band 1000 ein Signal. Am Vorabend des Dritten Reiches schrieb z. B. Karl Jaspers für die Nummer 1000 der Sammlung Göschen seine berühmte Zeitanalyse. Die Redaktion der Herderbücherei stellt *ihren* Jubiläumsband unter eine Frage, die heute viele Menschen bewegt: „Wer wird das Antlitz der Erde erneuern?“

Verdruß und Langeweile, Resignation und Ratlosigkeit, die heute allenthalben herrschen, machen es nicht wünschenswert, daß unsere Zukunft eine Hochrechnung unserer Gegenwart wäre. Entscheidendes muß sich ändern, wenn unsere Welt lebenswert bleiben soll. Doch die Hoffnung, daß dies auf *revolutionärem* Wege zu erreichen wäre, ist längst dahin. Bleibt also alles beim alten?

In dieser lähmenden Situation fordert Band 1000 der Herderbücherei dazu auf, verheißungsvolle Aufbrüche anderer Art nicht zu übersehen. Daß Natur verteidigt wird, daß Poesie wieder einen Markt hat oder daß das Verständnis für die Tiefenerfahrungen anderer Religionen wächst, sind nur die augenfälligsten Erscheinungen. Im einzelnen geschieht viel, was über den toten Punkt hinausführen könnte. Wir nehmen es nur nicht wahr, weil der Zeitgeist unseren Blickwinkel verengt hat. Es gilt also, Bewußtseinsgrenzen zu sprengen und neue Wirklichkeiten in den Blick zu nehmen, wenn wir wieder zuversichtlich werden wollen.

Band 1000 der Herderbücherei analysiert, wo sich, meist unterhalb unserer Wahrnehmungsschwelle, schöpferische Veränderungen vollziehen. Sein Untertitel „Von den Spuren des Geistes in unserer Zeit“ könnte als Leitwort über dem gesamten Herderbücherei-Programm nach Band 1000 stehen. In vielen Bänden versucht die Taschenbuchredaktion auszumachen, wo Zeichen des Untergangs zu Zeichen des Übergangs werden. Bekannte Wissenschaftler äußern sich dazu in dem Herdertaschenbuch „Wo unsere Zukunft heller wird“

(Nr. 1021). Er wird herausgegeben von Ursula von Mangoldt, die in einem eigenen Band „Was birgt uns in der Gefahr?“ (Nr. 1051) ihre Erfahrungen an der Schwelle eines neuen Zeitalters beschreibt.

Veränderungen allenthalben. Auf dem Gebiet der Seelenforschung schildert Elisabeth Lukas, die Meisterschülerin von Viktor E. Frankl, den Weg „Von der Tiefen- zur Höhenpsychologie“ (Nr. 1020), den die Logotherapie eingeschlagen hat. Die 1982 begonnene Serie „Wegzeichen“ zieht die Folgerungen aus der wachsenden Abkehr vom bequemen Versorgungsdenken. Zum Umdenken fordern Tisa von der Schulenburg und Heinrich Böll auf in Erinnerung an die schlimmen Jahre der Nachkriegszeit: „Was ist aus uns geworden?“ (Nr. 1024). In der Tat sind an unsere Humanität neue Fragen gestellt. Das wird besonders deutlich in der Orientierungsstudie „Atomwaffen und Gewissen“ (Nr. 1043) oder in dem Dokumentarbericht „Die letzte Fahrt der Kap Anamur?“ (Nr. 1058), geschrieben von dem Initiator des Rettungskomitees Robert Neudeck.

Die Welt wieder vielschichtiger und geheimnisvoller zu sehen, darum geht es in einer anderen Programmsparte. So haben Sterne nicht nur einen Lauf, sondern auch eine Sprache, wie der Astronom Udo Becker schreibt („Was sagen uns Sterne?“ Nr. 1053). Haben wir einen 6. Sinn?, fragt der Jerusalemer Forscher H. C. Behrendt in seiner „Einführung in die Telepathie“ (1022) und als Quintessenz einer langen Beschäftigung kommt der Marburger Theologe Ernst Benz zu der Feststellung, daß ein gründliches Gespräch zwischen „Parapsychologie und Religion“ (Nr. 1025) wichtige Ansatzpunkte liefern könnte für ein tieferes Verständnis der biblischen Bücher.

„Warum noch lesen?“ heißt der Titel des 53. INITIATIVE-Bandes, in dem Gerd-Klaus Kaltenbrunner und seine Mitarbeiter sich mit dem notwendigen Überfluß der Bücher beschäftigen. Angesichts dieses Programms läßt sich die aufgeworfene Frage leicht beantworten.

Heilwig von der Mehden

Nehmt die Männer, wie sie sind
Es gibt keine anderen
Band 427, 128 Seiten, 21. Aufl.

Keiner lebt wie Robinson
Von Verwandten, Bekannten
und anderen Leuten
Band 474, 114 Seiten, 10. Aufl.

Vielgeliebte Nervensägen
Von großen und kleinen Kindern
Band 516, 144 Seiten, 13. Aufl.

Ehret die Frauen –
aber übernehmet auch nicht!
Notizen aus dem weiblichen Alltag
Band 539, 144 Seiten, 12. Aufl.

Mir ist doch so, als wär' mir was ...
Vom angenehmen Umgang mit sich selbst
Band 587, 144 Seiten, 11. Aufl.

Vier Wände und ein Gartenzaun
Doch wie's da drin aussieht ...
Band 613, 128 Seiten, 6. Aufl.

Und was tun, wenn nichts zu tun ist?
Von den Freuden und Leiden der Freizeit
Band 658, 128 Seiten, 6. Aufl.

Schön ist es auch anderswo ...
Wir gehen auf die Reise
Band 714, 128 Seiten, 4. Aufl.

in der Herderbücherei

Heilwig von der Mehden

Backfischchens Leiden und Freuden
Wie Großmama erzogen wurde
Band 750, 192 Seiten, 2. Aufl.

Die Fliege an der Wand
Worüber man sich ärgert
Band 774, 144 Seiten, 4. Aufl.

Lauter reizende Leute ...
man merkt es nur nicht immer
Band 851, 128 Seiten, 4. Aufl.

Strichweise heiter
Von netten Leuten, lieben Tieren
und anderen Plagen
Band 930, 352 Seiten

Manchmal langt's aber!
Von den nicht völlig
ungetrübten Freuden der Eltern
Band 937, 128 Seiten, 2. Aufl.

Sah ein Knab' ein Mägdlein stehn
Vergnügliche Streifzüge
durch alte Jugendbücher
Band 1103, 320 Seiten

Wir sind doch nicht von gestern!
Von den Freuden und Tücken des modernen
Lebens
Band 1108, 128 Seiten

in der Herderbücherei